Torten- & Kuchenideen aus privater Backstube

Backen macht Freude Nr. 22

Dieses Buch gehört:

....

Im Eigenverlag Dr. Oetker GmbH, 9500 Villach
Dr. Oetker Rezeptdienst: Konditormeister Erhard Klug-Hudritsch

Konzeption & Gestaltung: scanlitho.teams, Eggeweg 26, 33617 Bielefeld

Fotos & Setstyling: Studio Eisenhut & Mayer, Wien

Druck: kb-offset, Regau (OÖ)

ISBN: 978-3-900332-58-7

Impressum:
Dr. Oetker GmbH, Postfach 19, 9500 Villach, Telefon 04242 / 55 4 54-0
E-Mail: service@oetker.at, Internet: www.oetker.at

Vorwort

Liebe Torten- und Kuchenfreunde!

„Torten- und Kuchenideen aus privater Backstube“ ist das dritte Buch mit den beliebtesten Privatrezepten Österreichs in der Buchreihe „Backen macht Freude“.
Die Rezepte haben wir aus der Aktion „Backen macht Freude“ in Zusammenarbeit mit den ORF-Radios.

Für dieses Buch haben wir die besten und originellsten Einsendungen für besondere Torten und Kuchen ausgewählt. Rezepte und Gestaltungsideen, die bisher nur unter Freunden ausgetauscht oder innerhalb der Familie weitergegeben wurden.

Alle Rezepte im Buch sind mit einem Foto versehen, das garantiert Lust aufs Ausprobieren macht. Entdecken auch Sie die tollen Torten- und Kuchenideen und trumpfen Sie demnächst auch mit ausgefallenen Kreationen auf.

Bei Fragen und Anregungen zu unseren Rezepten stehen wir Ihnen gerne unter der gebührenfreien Telefonnummer 00800 71 72 73 74 zur Verfügung.

Wir wünschen Ihnen viel Freude beim Ausprobieren der Rezepte und natürlich beim Genießen!

Ihr Dr. Oetker Konditormeister
Erhard Klug-Hudritsch

Qualität ist das beste Rezept.

Abkürzungen

KL	=	Kaffeelöffel
EL	=	Esslöffel
Ø	=	Durchmesser
g	=	Gramm
ml	=	Milliliter
l	=	Liter
Std.	=	Stunde(n)
Min.	=	Minuten
Stk.	=	Stück
Pck.	=	Päckchen
Pkg.	=	Packung
ca.	=	circa

Die Rezepte sind wie folgt gekennzeichnet:

Eiklarverwertung (E)

Dotterverwertung (Do)

glutenfrei (G)

Vollkorn (V)

vegetarisch

vegan

gelingt leicht

etwas Übung erforderlich

aufwändig

Die Zubereitungszeit beinhaltet nur die Zeit für die eigentliche Zubereitung, die Backzeiten sind gesondert ausgewiesen. Längere Wartezeiten wie z. B. Kühlzeiten sind ebenfalls nicht mit einbezogen.

Die angeführten Dr. Oetker Rezepte können auch mit Zutaten anderer Erzeugerfirmen hergestellt werden. Die Dr. Oetker Gelinggarantie können wir nur für die Zubereitung mit Dr. Oetker Produkten geben.

Die Autoren haben dieses Buch nach bestem Wissen und Gewissen erarbeitet. Alle Rezepte, Tipps und Ratschläge sind mit Sorgfalt ausgewählt und geprüft. Eine Haftung des Verlages und seiner Beauftragten für alle erdenklichen Schäden an Personen, Sach- und Vermögensgegenständen ist ausgeschlossen.

Inhaltsverzeichnis

Gut zu wissen

Torten vorbereiten

Die Tortenböden können Sie auch am Vortag zubereiten.
So sind sie schon ausgekühlt und lassen sich einfacher weiterverarbeiten.

Torten verfeinern

Für saftige Tortenböden verdünnen Sie Fruchtsirup mit etwas Wasser.
Am besten mit einem Pinsel auf den Tortenböden verteilen.

In einigen Rezepten wird Hochprozentiges zum Tränken empfohlen,
hier können Sie selbstverständlich auch verdünnte Fruchtsirupe verwenden.

Rezepte für Schoko-Glasuren

1 Becher flüssige Dr. Oetker Kuchen Glasur Kakao oder Vollmilch-Geschmack mit 40 g flüssiger Butter oder 40–100 ml raumwarmem flüssigem Schlagobers verrühren. Die Glasur wird weicher und hat einen zarteren Schmelz.

1 Becher flüssige Dr. Oetker Kuchen Glasur Kakao oder Vollmilch-Geschmack mit bis zu 100 g weichem Dr. Oetker Nuss-Nougat verrühren. Die Glasur wird weicher und erhält einen Nuss-Geschmack.

100 g flüssige Dr. Oetker Glasur Weiß mit Vanille-Geschmack mit 100 g flüssiger weißer Kuvertüre verrühren. Die Glasur wird dichter und deckt den Untergrund.

Für eine Ganache-Glasur 150 ml heißes Schlagobers mit 150 g gehackter Kuvertüre verrühren und zu dickflüssiger Konsistenz abkühlen lassen; dabei nur ab und zu umrühren, da die Glasur sonst Luftbläschen bekommt.

Zum Glasieren von Torten und Rouladen die Ganache-Glasur als weitere Variante verwenden. Mit dem Handmixer (Rührstäbe) aufgeschlagen ist sie als Pariser Creme bekannt und kann zum Füllen verwendet werden (z. B. Pariser Spitz oder Kekse).

Biskuit stürzen

Nach dem Backen das überkühlte Biskuit auf ein leicht bemehltes Backpapier stürzen. Mehl lässt sich wieder leicht entfernen und es bildet mit Dampf keine feuchte Schicht.

Entdecken Sie Dr. Oetker auf YouTube unter www.youtube.com/droetkeroesterreich und finden Sie tolle Videos zu Rezepten, wertvollen Tipps & Tricks und Schritt für Schritt-Anleitungen.
Nachstehend ein paar QR-Codes, die schnell zu einigen Videos führen.

Viel Spaß beim Ansehen!

Rezept Amaretto-Mohn-Herz, S.44

Spritztütchen herstellen

Torte glasieren

Torte mit Rollfondant eindecken

Die neuen Unwiderstehlichen

Pyramiden-Torte

Rezept von Maria Sch., Bad Großpertholz

Rezept Nr. 1649 ca. 45 Min.

Zutaten für 14 Stück

Kokos-Biskuitmasse:

4 Eier (Größe M)
2 EL Wasser
180 g Zucker
1 Pck. Dr. Oetker Vanillin Zucker
1 Pck. Dr. Oetker Finesse Geriebene Orangenschale
100 g glattes Mehl
1 gestrichener KL Dr. Oetker Backpulver
100 g Speisestärke
3 EL Kokosette

Zum Beträufeln:

etwas Rum

Pudding-Creme:

1 Pck. Dr. Oetker Original Pudding Schokolade
1/2 l Milch
100 g Zucker
250 g weiche Butter

Zum Bestreuen:

etwas Backkakao

Zubereitung

Für die Masse Eier mit Wasser, Zucker, Vanillin Zucker und Orangenschale mit dem Handmixer (Rührstäbe) schaumig aufschlagen. Mehl mit Backpulver und Stärke vermischen, darübersieben und mit Kokosette mit dem Kochlöffel unterheben.

Die Masse auf ein mit Backpapier ausgelegtes Backblech (30 x 35 cm) streichen.

Das Blech in die Mitte des vorgeheizten Rohres schieben.

Ober-/Unterhitze: 180 Grad
Heißluft: 160 Grad
Backzeit: ca. 18 Min.

Das erkaltete Biskuit in 6 verschiedene Quadrate (19 x 19, 16 x 16, 13 x 13, 10 x 10, 7 x 7 und 4 x 4 cm) schneiden und mit Rum beträufeln.

Für die Creme Puddingpulver mit Milch und Zucker unter Rühren zu einem Pudding kochen. Vom Herd nehmen und unter mehrmaligem Umrühren abkühlen lassen.
Die Butter mit dem Handmixer (Rührstäbe) cremig rühren und den abgekühlten Pudding nach und nach einrühren.
Die Biskuitplatten mit Creme zusammensetzen; dabei mit der größten beginnen.

Die Pyramide mit Kakao leicht bestreuen.

Reis-Crisp-Torte

Rezept von Lia B., Salzburg-Aigen

Rezept Nr. 1650 ca. 40 Min.

Zutaten für 14 Stück

Crispboden:

100 g zerbröselte Reiswaffeln (Reis-Crisp)

200 g flüssige Dr. Oetker Kuchen Glasur Kakao (1 Becher)

Weichsel-Belag:

1 Glas entsteinte Kompottweichseln (660 g)

etwas Wasser

1 Pck. Dr. Oetker Original Pudding Vanille Geschmack

Mascarpone-Creme:

1/2 l flüssiges Schlagobers

50 g gesiebter Staubzucker

2 Pck. Dr. Oetker Vanillin Zucker

2 Pck. Dr. Oetker Sahnesteif

250 g Mascarpone

Zum Bestreuen:

etwas Dr. Oetker Raspelschokokolade Vollmilch

Zubereitung

Für den Crispboden einen Springformrand (26 cm Ø) auf eine Kuchenplatte stellen. Die Reiswaffeln mit Glasur gut vermischen, in der Springform verteilen und flach drücken. 1 Std. kalt stellen.

Für den Belag die Kompottweichseln gut abtropfen. Den Kompottsaft mit Wasser auf 3/8 l ergänzen und mit Puddingpulver unter Rühren zu einem Pudding kochen. Die Weichseln unterheben. Den Belag abkühlen lassen und auf dem Tortenboden verteilen.

Für die Creme Schlagobers mit Staubzucker, Vanillin Zucker und Sahnesteif aufschlagen. 1/3 des Schlagobers mit Mascarpone verrühren und das übrige Schlagobers unterheben. Die Creme in einen Spritzbeutel mit mittlerer glatter Tülle füllen und beliebig auf die Torte spritzen. Die Oberfläche mit Raspelschokolade bestreuen.

Den Springformrand entfernen und die Torte kalt stellen.

Geeiste Torte

Rezept von Adelheid A., Höflein

Rezept Nr. 1651 ca. 40 Min.

Zutaten für 14 Stück

Müsliboden:

270 g Dr. Oetker Vitalis Knuspermüsli Schoko

150 g flüssige Dr. Oetker Kuchen Glasur Kakao (3/4 Becher)

Vanille- und Schoko-Creme:

4 Eier (Größe M)

220 g Zucker

2 Pck. Dr. Oetker Bourbon Vanille Zucker

8 Stk. Dr. Oetker Blatt Gelatine

3 EL Rum

50 g flüssige Dr. Oetker Kuchen Glasur Kakao (1/4 Becher)

3/4 l geschlagenes Schlagobers

Zum Bestreuen:

etwas Dr. Oetker Vitalis Knuspermüsli Schoko

Zubereitung

Für den Müsliboden das Müsli mit einem Teigroller etwas zerkleinern und mit Glasur vermischen. Die Masse in eine am Boden mit Backpapier ausgelegte Springform (26 cm Ø) füllen, glatt streichen und kalt stellen.

Für die Creme Eier mit Zucker und Vanille Zucker über Dampf (Wasserbad) mit der Schneerute aufschlagen. Vom Herd nehmen und mit dem Handmixer (Rührstäbe) cremig kalt schlagen.

Die Gelatine nach Packungsanleitung vorbereiten, mit Rum erwärmen und unterrühren. In die Hälfte der Masse die Glasur einrühren. Etwas vom Schlagobers in einen Spritzbeutel mit mittlerer Sterntülle füllen und in den Kühlschrank geben. Jeweils die Hälfte des übrigen Schlagobers mit dem Kochlöffel unter beide Massen heben.

Auf den erkalteten Tortenboden Vanille- und Schoko-Creme schichtweise einfüllen und nach jeder Schicht glatt streichen.

Die Torte mit zerkleinertem Müsli bestreuen. Das Schlagobers im Spritzbeutel als Tuffs auf die Torte spritzen. Die Torte ca. 4 Std. tiefkühlen.

Mint-Torte

Rezept von Renate N., Kirchdorf/Krems

Rezept Nr. 1652 ca. 45 Min.

Zutaten für 14 Stück

Spezial-Biskuitmasse:

5 Eier (Größe M)
200 g Zucker
1 Pck. Dr. Oetker Vanillin Zucker
1/8 l Speiseöl
1/8 l Wasser
220 g glattes Mehl
30 g gesiebtes Kakaopulver (gesüßt)
1 Pck. Dr. Oetker Backpulver

Mint-Creme:

1/8 l flüssiges Schlagobers
100 g klein geschnittene Vollmilchkuvertüre
3 Tropfen Pfefferminzöl
1/4 l flüssiges Schlagobers
1 1/2 Pck. Dr. Oetker Sahnesteif

Zum Bestreichen und Verzieren:

1/8 l flüssiges Schlagobers
1/2 Pck. Dr. Oetker Sahnesteif
einige Schokospäne

Zubereitung

Für die Masse Eier mit Zucker und Vanillin Zucker mit dem Handmixer (Rührstäbe) schaumig aufschlagen. Öl und Wasser kurz einrühren. Mehl mit Kakao und Backpulver vermischen, darübersieben und mit dem Kochlöffel unterheben.

Die Masse in eine am Boden mit Backpapier ausgelegte Springform (26 cm Ø) füllen und glatt streichen.

Die Form auf dem Rost in die untere Hälfte des vorgeheizten Rohres schieben.

Ober-/Unterhitze: 180 Grad
Heißluft: 160 Grad
Backzeit: ca. 45 Min.

Die erkaltete Torte stürzen und das Backpapier abziehen.

Für die Creme Schlagobers aufkochen. Vom Herd nehmen und die Kuvertüre einrühren, bis sie vollständig aufgelöst ist. Pfefferminzöl einrühren und das Schoko-Mint-Obers über Nacht kalt stellen.

Die Torte 2-mal durchschneiden. Schoko-Mint-Obers mit Schlagobers mit Sahnesteif aufschlagen. Die Torte mit Creme füllen und bestreichen und ca. 1 Std. kalt stellen.

Schlagobers mit Sahnesteif aufschlagen. Den Rand der Torte damit dünn bestreichen. Das übrige Schlagobers in einen Spritzbeutel mit glatter, flacher Tülle füllen und beliebig aufspritzen. Die Torte mit Schokospänen verzieren.

Tipp: Ätherisches Pfefferminzöl aus der Apotheke verwenden.

Duo-Kuchen

Rezept von Emmi G., Ebbs

Rezept Nr. 1653

ca. 45 Min.

Zutaten für 16 Stück

Germteig:

450 g glattes Mehl
1 Pck. Dr. Oetker Germ
1 Pck. Dr. Oetker Vanillin Zucker
1 Prise Salz
80 g gesiebter Staubzucker
80 g weiche Butter
1/4 l lauwarme Milch (25 Grad)
1 Ei (Größe M)

Nuss-Füllung:

1/8 l Milch
150 g Zucker
1 Messerspitze Zimt
200 g geriebene Nüsse nach Wahl

Mohn-Füllung:

190 ml Milch
150 g Zucker
200 g gemahlener Mohn

Zum Bestreuen:

etwas Staubzucker

Zubereitung

Für den Teig das Mehl in eine Rührschüssel sieben und mit der Germ gut vermischen. Die übrigen Zutaten der Reihe nach dazugeben und mit dem Handmixer (Knethaken) zu einem Teig verkneten.

Zugedeckt an einem warmen Ort so lange gehen lassen, bis der Teig doppelt so hoch ist.

Für die Nuss-Füllung Milch mit Zucker und Zimt aufkochen. Die Nüsse einrühren, vom Herd nehmen und erkalten lassen.

Für die Mohn-Füllung Milch mit Zucker aufkochen. Den Mohn einrühren, vom Herd nehmen und erkalten lassen.

Den Teig auf bemehlter Arbeitsfläche zusammenstoßen (flach drücken und von links und rechts zur Mitte hin einschlagen), halbieren und jeweils rechteckig, ca. 5 mm dick, ausrollen.

Auf jeden Teig Nuss- und Mohn-Füllung gleichmäßig aufstreichen und einrollen. Die beiden Teigrollen miteinander verdrehen und in eine befettete, bemehlte Kranzkuchenform (24 cm Ø) geben. An einem warmen Ort so lange gehen lassen, bis der Teig doppelt so hoch ist.

Die Form auf dem Rost in die untere Hälfte des vorgeheizten Rohres schieben.

Ober-/Unterhitze: 180 Grad
Heißluft: 160 Grad
Backzeit: ca. 40 Min.

Den Kuchen abgekühlt auf ein Kuchengitter stürzen.
Den erkalteten Kuchen mit Staubzucker leicht bestreuen.

Steirisches Tiramisu

Rezept von Helga Sch., St. Aegyd

Rezept Nr. 1654

ca. 20 Min.

Zutaten für 10 Stück

Apfel-Creme:

1/4 l flüssiges Schlagobers
1 Pck. Dr. Oetker Sahnesteif
500 g Apfelmus

Biskotten-Einlage:

60 Stk. Biskotten

Zum Bestreuen:

etwas Zimt

Zubereitung

Für die Creme Schlagobers mit Sahnesteif aufschlagen und das Apfelmus unterheben.

Eine Auflaufform (20 x 25 cm) mit Biskotten auslegen und etwas Creme darauf verteilen. So lange fortfahren, bis Creme und Biskotten aufgebraucht sind und mit Creme abschließen.

Das Tiramisu über Nacht kalt stellen. Vor dem Servieren mit Zimt leicht bestreuen.

Himbeer-Tiramisu

Rezept von Ingrid M., Hohenems

Rezept Nr. 1655 ca. 30 Min.

Zutaten für 15 Stück

Himbeer-Mascarpone-Creme:

300 g Himbeeren
Saft von 1 Zitrone
150 g Zucker
250 g passierter Speisetopfen (10 %)
500 g Mascarpone
2 EL Himbeerlikör

Biskotten-Einlage:

80 Stk. Biskotten

Zubereitung

Für die Creme Himbeeren mit Zitronensaft und Zucker vermischen, pürieren und passieren (5 EL Himbeermark zur Seite geben). Topfen mit Mascarpone und Himbeerlikör verrühren und das Himbeermark einrühren.

Eine Auflaufform (23 x 30 cm) mit 1/3 der Biskotten auslegen und mit 1/3 der Creme bestreichen. Den Vorgang wiederholen, bis Creme und Biskotten aufgebraucht sind und mit Creme abschließen.

Das zur Seite gegebene Himbeermark in ein Spritztütchen geben und feine Linien aufspritzen. Mit einem Holzstäbchen durchziehen. Das Tiramisu über Nacht kalt stellen.

Maulwurf-Torte

Rezept von Rudolf D., Wien

Rezept Nr. 1656 ca. 30 Min.

Zutaten für 14 Stück

Sandmasse:

140 g weiche Butter
100 g gesiebter Staubzucker
1 Pck. Dr. Oetker Vanillin Zucker
6 Dotter (Größe M)
6 Eiklar (Größe M)
100 g Zucker
130 g glattes Mehl
1/2 Pck. Dr. Oetker Backpuler
100 g Dr. Oetker Schoko Blättchen

Frucht-Belag:

2 Bananen
175 g Kompottmandarinen
Saft von 1 Zitrone

Füllung:

3/4 l flüssiges Schlagobers
1 EL Staubzucker
2 Pck. Dr. Oetker Vanillin Zucker
2 Pck. Dr. Oetker Sahnesteif
2/3 der zur Seite gegebenen Tortenbrösel

Zum Bestreuen:

übrige Tortenbrösel
etwas Staubzucker

Zubereitung

Für die Masse Butter mit Staubzucker, Vanillin Zucker und Dotter mit dem Handmixer (Rührstäbe) cremig rühren. Eiklar mit Zucker steif schlagen und mit dem Kochlöffel unterheben. Mehl mit Backpulver vermischen, darübersieben und mit Schokoblättchen unterrühren.

Die Masse in eine am Boden mit Backpapier ausgelegte Springform (26 cm Ø) füllen und glatt streichen.

Die Form auf dem Rost in die untere Hälfte des vorgeheizten Rohres schieben.

Ober-/Unterhitze: 170 Grad
Heißluft: 150 Grad
Backzeit: ca. 50 Min.

Die erkaltete Torte mit einem Löffel etwas aushöhlen; dabei einen ca. 1,5 cm breiten Rand frei lassen. Die ausgehöhlten Tortenstücke in einer Rührschüssel zerbröseln und zur Seite geben.

Für den Belag die Bananen blättrig schneiden und mit Mandarinen und Zitronensaft vermischen. Den Belag gleichmäßig auf der ausgehöhlten Torte verteilen.

Für die Füllung Schlagobers mit Staubzucker, Vanillin Zucker und Sahnesteif aufschlagen. 2/3 der Tortenbrösel unterheben. Die Füllung kuppelförmig aufstreichen und den Rand leicht bestreichen. Die übrigen Tortenbrösel auf die Torte streuen und leicht andrücken.

Die Torte mit Staubzucker leicht bestreut kalt stellen.

Lady-Torte

Rezept von Gusti R., Polling

Rezept Nr. 1657 ca. 40 Min.

Zutaten für 14 Stück

Spezial-Biskuitmasse und Schokobelag:

6 Eier (Größe M)
150 g Zucker
150 g weiche Butter
150 g flüssige Zartbitterkuvertüre
3 EL gesiebtes glattes Mehl

Zum Bestreichen:

1/4 l flüssiges Schlagobers
1 Pck. Dr. Oetker Bourbon Vanille Zucker
4 EL Eierlikör
1 Pck. Dr. Oetker Sahnesteif

Zum Verzieren:

einige Schokospäne

Zubereitung

Für die Masse Eier mit Zucker über Dampf (Wasserbad) mit der Schneerute aufschlagen. Vom Herd nehmen und mit dem Handmixer (Rührstäbe) cremig kalt schlagen. Die Butter cremig rühren. Die Hälfte der Eimasse dazugeben und mit der Kuvertüre einrühren. Die übrige Eimasse unterheben. Die Hälfte der Masse für den Belag zur Seite geben.

Das Mehl in die übrige Masse einrühren, in eine am Boden befettete, bemehlte Springform (24 cm Ø) füllen und glatt streichen.

Die Form auf dem Rost in die untere Hälfte des vorgeheizten Rohres schieben.

Ober-/Unterhitze: 190 Grad
Heißluft: 170 Grad
Backzeit: ca. 20 Min.

Die Torte auf ein Kuchengitter stürzen, erkalten lassen und mit dem Springformrand umstellen. Den Schokobelag darauf geben und glatt streichen. Die Torte ca. 2 Std. kalt stellen.

Schlagobers mit Vanille Zucker, Eierlikör und Sahnesteif aufschlagen. Ca. 2/3 auf die Torte streichen, den Rest am Tortenrand verstreichen und mit Schokospänen verziert kalt stellen.

Kristall-Torte

Rezept von Renate B., Neusiedl/See

Rezept Nr. 1658 ca. 40 Min.

Zutaten für 14 Stück

Schoko-Biskuitmasse:

6 Eier (Größe M)
200 g Zucker
60 g glattes Mehl
gestrichener KL Dr. Oetker Backpulver
2 Pck. Dr. Oetker Original Pudding Vanille Geschmack
1 Pck. Dr. Oetker Original Pudding Schokolade

Weiße Schoko-Creme:

1/4 l flüssiges Schlagobers
200 g klein geschnittene weiße Schokolade
1/2 l flüssiges Schlagobers
3 EL Eierlikör
3 Pck. Dr. Oetker Sahnesteif

Zum Beträufeln:

etwas Eierlikör

Zum Verzieren:

einige weiße Schokospäne

Zubereitung

Für die Masse Eier mit Zucker mit dem Handmixer (Rührstäbe) schaumig aufschlagen. Mehl mit Backpulver und Puddingpulver vermischen, darübersieben und mit dem Kochlöffel unterheben.

Die Masse in eine am Boden mit Backpapier ausgelegte Springform (26 cm Ø) füllen und glatt streichen.

Die Form auf dem Rost in die untere Hälfte des vorgeheizten Rohres schieben.

Ober-/Unterhitze: 180 Grad
Heißluft: 160 Grad
Backzeit: ca. 35 Min.

Für die Creme Schlagobers aufkochen. Vom Herd nehmen und die Schokolade einrühren, bis sie vollständig aufgelöst ist. Die Creme über Nacht kalt stellen.

Die erkaltete Torte 2-mal durchschneiden und mit Eierlikör beträufeln. Die Creme mit Schlagobers, Eierlikör und Sahnesteif aufschlagen. Die Torte mit Creme zusammensetzen und bestreichen. Mit einer gezackten Teigkarte ein Muster ziehen.

Die Torte mit Schokospänen verziert kalt stellen.

Höhlentorte

Rezept von Renate K., Bludenz

Rezept Nr. 1659 ca. 30 Min.

Zutaten für 14 Stück

Schoko-Nuss-Sandmasse:

200 g weiche Butter
150 g gesiebter Staubzucker
1 Pck. Dr. Oetker Vanillin Zucker
5 Dotter (Größe M)
170 g glattes Mehl
1 Pck. Dr. Oetker Original Pudding Vanille Geschmack
1/2 Pck. Dr. Oetker Backpulver
100 g geriebene Schokolade nach Wahl
100 g geriebene Nüsse nach Wahl
5 Eiklar (Größe M)
50 g Zucker

Heidelbeer-Füllung:

1/2 l flüssiges Schlagobers
2 Pck. Dr. Oetker Bourbon Vanille Zucker
2 Pck. Dr. Oetker Sahnesteif
250 g Heidelbeeren
2/3 der zur Seite gegebenen Tortenbrösel
2 EL Rum

Zum Bestreuen:

übrige Tortenbrösel
etwas Staubzucker

Zubereitung

Für die Masse Butter mit Staubzucker, Vanillin Zucker und Dotter mit dem Handmixer (Rührstäbe) cremig rühren. Mehl mit Puddingpulver und Backpulver vermischen, darübersieben und mit Schokolade und Nüssen mit dem Kochlöffel unterrühren. Eiklar mit Zucker steif schlagen und unterheben.

Die Masse in eine am Boden mit Backpapier ausgelegte Springform (24 cm Ø) füllen und glatt streichen.

Die Form auf dem Rost in die untere Hälfte des vorgeheizten Rohres schieben.

Ober-/Unterhitze: 180 Grad
Heißluft: 160 Grad
Backzeit: ca. 45 Min.

Die erkaltete Torte mit einem Löffel etwas aushöhlen; dabei einen ca. 1,5 cm breiten Rand frei lassen. Die ausgehöhlten Tortenreste in einer Rührschüssel zerbröseln und zur Seite geben.

Für die Füllung Schlagobers mit Vanille Zucker und Sahnesteif aufschlagen. Heidelbeeren mit Tortenbrösel und Rum unterheben. Die Füllung kuppelförmig aufstreichen. Die übrigen Tortenbrösel auf die Torte streuen und leicht andrücken.

Die Torte mit Staubzucker leicht bestreut kalt stellen.

Semifreddo

Rezept von Petra H., Söll

Rezept Nr. 1660 ca. 45 Min.

Zutaten für 14 Stück

Japonaise-Masse:

2 Eiklar (Größe M)
150 g Zucker
1 Pck. Dr. Oetker Vanillin Zucker
300 g geriebene Mandeln

Butter-Creme:

200 g weiche Butter
25 g gesiebter Staubzucker
3 Dotter (Größe M)
3 Eiklar (Größe M)
25 g Zucker

Zum Beträufeln:

25 ml Weinbrand
4 EL Kaffee

Zum Bestreuen:

etwas geriebene Vollmilchkuvertüre

Zubereitung

Für die Masse Eiklar mit Zucker und Vanillin Zucker mit dem Handmixer (Rührstäbe) steif schlagen. Die Mandeln dazugeben und zu einer weichen Masse verkneten. Die Masse in drei Teile teilen. Jeden Teil auf einem mit Mandeln bestreuten Backpapier im Springformrand (24 cm Ø) flach drücken.

Die Teigscheiben am Backpapier jeweils auf ein mit Backpapier ausgelegtes Backblech ziehen.

Ein Blech in die Mitte des vorgeheizten Rohres schieben.

Ober-/Unterhitze: 200 Grad
Heißluft: 180 Grad
Backzeit: ca. 10 Min.

Den Backvorgang noch 2-mal wiederholen.

Für die Creme Butter mit Staubzucker mit dem Handmixer (Rührstäbe) cremig rühren. Die Dotter über Dampf (Wasserbad) mit der Schneerute aufschlagen. Vom Herd nehmen, mit dem Handmixer (Rührstäbe) kalt schlagen und nach und nach unter die Butter-Creme rühren. Eiklar mit Zucker steif schlagen und mit dem Kochlöffel unterheben.

Weinbrand mit Kaffee vermischen und die Tortenböden damit beträufeln. Die Torte mit der Creme zusammensetzen und mit Creme abschließen. Die Torte mit Kuvertüre bestreuen und kalt stellen.

Sizilianischer Kuchen

Rezept von Elisabeth W., Wien

Rezept Nr. 1661 ca. 20 Min.

Zutaten für 14 Stück

Sandmasse:

80 g weiche Butter
3 Dotter (Größe M)
100 g gesiebter Staubzucker
1 Pck. Dr. Oetker Finesse Geriebene Orangenschale
1 Pck. Dr. Oetker Vanillin Zucker
2 EL Orangenlikör
3 Eiklar (Größe M)
100 g Zucker
Saft von 2 Orangen
300 g glattes Mehl
1 Pck. Dr. Oetker Backpulver

Zum Beträufeln:

etwas Orangenlikör

Zum Belegen und Bestreichen:

2 geschälte Orangen
etwas heiße Orangenmarmelade

Zubereitung

Für die Masse Butter mit Dotter, Staubzucker, Orangenschale, Vanillin Zucker und Orangenlikör mit dem Handmixer (Rührstäbe) cremig rühren. Den Orangensaft mit dem Kochlöffel kurz unterrühren. Eiklar mit Zucker steif schlagen und unterheben. Mehl und Backpulver vermischen, darübersieben und unterrühren.

Die Masse in eine befettete, bemehlte Kranzkuchenform (24 cm Ø) füllen und glatt streichen.

Die Form auf dem Rost in die untere Hälfte des vorgeheizten Rohres schieben.

Ober-/Unterhitze: 180 Grad
Heißluft: 160 Grad
Backzeit: ca. 40 Min.

Den erkalteten Kuchen mit Orangelikör leicht beträufeln. Die Orangen in dünne Scheiben schneiden, den Kuchen damit belegen und mit Marmelade bestreichen.

Berauschendes

Maroni-Schwips-Torte

Rezept von Nikka N., Lienz

Rezept Nr. 1662

ca. 40 Min.

Zutaten für 14 Stück

Schoko-Sandmasse:

160 g weiche Butter
100 g gesiebter Staubzucker
1 Pck. Dr. Oetker Vanillin Zucker
1 Prise Salz
7 Dotter (Größe M)
150 g flüssige Kochschokolade
7 Eiklar (Größe M)
100 g Zucker
160 g glattes Mehl

Maroni-Creme:

125 g Maronireis
4 EL Staubzucker
4 Stk. Dr. Oetker Blatt Gelatine
3 EL Rum
1/4 l geschlagenes Schlagobers

Zum Beträufeln:

etwas Rum

Zum Bestreichen und Verzieren:

1/4 l flüssiges Schlagobers
2 EL Staubzucker
1 Pck. Dr. Oetker Sahnesteif
125 g Maronireis
1 EL Staubzucker
3 EL Rum

Zum Bestreuen:

etwas Backkakao

Zubereitung

Für die Masse Butter mit Staubzucker, Vanillin Zucker, Salz und Dotter mit dem Handmixer (Rührstäbe) cremig rühren. Die Schokolade mit dem Kochlöffel kurz einrühren. Eiklar mit Zucker steif schlagen und einrühren. Das Mehl darübersieben und unterheben.

Die Masse in eine am Boden befettete, bemehlte Springform (26 cm Ø) füllen und glatt streichen.

Die Form auf dem Rost in die untere Hälfte des vorgeheizten Rohres schieben.

Ober-/Unterhitze: 180 Grad
Heißluft: 160 Grad
Backzeit: ca. 50 Min.

Für die Creme den Maronireis mit Staubzucker verrühren. Die Gelatine nach Packungsanleitung vorbereiten, mit Rum erwärmen und einrühren. Bei beginnender Gelierung das Schlagobers unterheben.

Die erkaltete Torte 2-mal durchschneiden und mit Rum beträufeln. Die Torte mit der Creme zusammensetzen und ca. 1 Std. kalt stellen.

Schlagobers mit Staubzucker und Sahnesteif aufschlagen und mit der Hälfte die Torte einstreichen. Das übrige Schlagobers in einen Spritzbeutel mit kleiner glatter Tülle füllen und beliebig auf die Torte spritzen.

Maronireis mit Staubzucker und Rum glatt rühren, in einen Spritzbeutel mit kleiner glatter Tülle füllen und zwischen das Schlagobers spritzen.
Die Torte mit Kakao leicht bestreuen.

Barbados-Torte

Rezept von Monika R., Litschau

Rezept Nr. 1663 ca. 45 Min.

Zutaten für 14 Stück

Sandmasse:

5 Dotter (Größe M)
125 g gesiebter Staubzucker
1/8 l Speiseöl
1/8 l Wasser
5 Eiklar (Größe M)
125 g Zucker
250 g griffiges Mehl
1 Pck. Dr. Oetker Backpulver
1 EL Backkakao

Kokos-Pudding-Creme:

1 Pck. Dr. Oetker Original Pudding Vanille Geschmack
3/8 l Milch
80 g Kokosette
60 ml weißer Rum
250 g weiche Butter
150 g gesiebter Staubzucker

Zum Bestreuen:

30 g Kokosette
etwas Dr. Oetker Back- & Speisefarbe blau
100 g geröstetes Kokosette

Zum Verzieren:

50 g flüssige Dr. Oetker Kuchen Glasur Kakao
einige Tropfen Rum

Zubereitung

Für die Masse Dotter mit Staubzucker mit dem Handmixer (Rührstäbe) cremig rühren. Öl mit Wasser kurz unterrühren. Eiklar mit Zucker steif schlagen und mit dem Kochlöffel unterheben. Mehl mit Backpulver und Kakao vermischen, darübersieben und unterrühren.

Die Masse in eine am Boden mit Backpapier ausgelegte Springform (26 cm Ø) füllen und glatt streichen.

Die Form auf dem Rost in die untere Hälfte des vorgeheizten Rohres schieben.

Ober-/Unterhitze: 180 Grad
Heißluft: 160 Grad
Backzeit: ca. 40 Min.

Für die Creme Puddingpulver mit Milch und Kokosette unter Rühren zu einem Pudding kochen. Den Pudding unter mehrmaligem Umrühren abkühlen lassen. Den Rum einrühren. Butter mit Staubzucker mit dem Handmixer (Rührstäbe) cremig rühren und den Pudding löffelweise dazugeben.

Die erkaltete Torte 2-mal durchschneiden und mit 2/3 der Creme füllen. Die Torte mit der übrigen Creme einstreichen und ca. 1 Std. kalt stellen.

Kokosette mit Speisefarbe mit den Händen bis zum gewünschten Farbton verreiben. Die Torte mit blauem und geröstetem Kokosette beliebig bestreuen.

Etwas Glasur mit einigen Tropfen Rum zu dicklicher Konsistenz verrühren, in ein Spritztütchen geben und auf Backpapier Palmen aufspritzen. Nach dem Erstarren vom Backpapier lösen und in die Torte stecken.

Baileys®-Torte

Rezept von Martin Sch., Wien

Rezept Nr. 1664

ca. 30 Min.

Zutaten für 14 Stück

Schoko-Nuss-Biskuitmasse:

4 Eier (Größe M)
150 g Zucker
1 Pck. Dr. Oetker Vanillin Zucker
120 g glattes Mehl
1 gestrichener KL Dr. Oetker Backpulver
130 g geröstete, geriebene Haselnüsse
50 g geriebene Schokolade nach Wahl

Baileys®-Creme:

1/2 l flüssiges Schlagobers
2 EL Staubzucker
6 Stk. Dr. Oetker Blatt Gelatine
200 ml Baileys®

Zum Bestreuen und Verzieren:

70 g geröstete, geriebene Haselnüsse
etwas flüssige Dr. Oetker Kuchen Glasur Kakao

Zubereitung

Für die Masse Eier mit Zucker und Vanillin Zucker mit dem Handmixer (Rührstäbe) schaumig aufschlagen. Mehl und Backpulver vermischen, darübersieben und mit Nüssen und Schokolade mit dem Kochlöffel kurz unterheben.

Die Masse in eine am Boden mit Backpapier ausgelegte Springform (26 cm Ø) füllen und glatt streichen.

Die Form auf dem Rost in die untere Hälfte des vorgeheizten Rohres schieben.

Ober-/Unterhitze: 180 Grad
Heißluft: 160 Grad
Backzeit: ca. 40 Min.

Für die Creme Schlagobers mit Staubzucker aufschlagen. Die Gelatine nach Packungsanleitung zubereiten und in den Likör einrühren. Den Likör mit 1/3 des Schlagobers verrühren. Bei beginnender Gelierung das übrige Schlagobers unterheben.

Die erkaltete Torte 2-mal durchschneiden, mit 2/3 der Creme füllen und mit der übrigen bestreichen.

Die Torte mit Nüssen bestreuen und ca. 3 Std. kalt stellen. Die Glasur in ein Spritztütchen geben und beliebige Ornamente auf Backpapier spritzen Nach dem Erstarren vom Backpapier lösen und die Torte damit verzieren.

Whisky-Torte

Rezept von Luise H., Bad Schallerbach

Rezept Nr. 1665 ca. 30 Min.

Zutaten für 14 Stück

Zum Vorbereiten:

Papierschablonen

Biskuitmasse:

5 Eier (Größe M)
100 g Zucker
1 Pck. Dr. Oetker Vanillin Zucker
100 g glattes Mehl

Zum Beträufeln:

1/8 l kalter, starker Kaffee
1/8 l Whisky
2 EL Zucker

Zum Bestreichen:

1/4 l flüssiges Schlagobers
2 EL Staubzucker
1 Pck. Dr. Oetker Sahnesteif

Zum Bestreuen:

etwas Backkakao

Zubereitung

Für die Masse Eier mit Zucker und Vanillin Zucker mit dem Handmixer (Rührstäbe) schaumig aufschlagen. Das Mehl darübersieben und mit dem Kochlöffel unterheben.

Die Masse in eine am Boden mit Backpapier ausgelegte Springform (24 cm Ø) füllen und glatt streichen.

Die Form auf dem Rost in die untere Hälfte des vorgeheizten Rohres schieben.

Ober-/Unterhitze: 180 Grad
Heißluft: 160 Grad
Backzeit: ca. 35 Min.

In die erkaltete Torte mit einem Holzspieß beliebig viele Löcher einstechen. Kaffee mit Whisky und Zucker verrühren, bis der Zucker vollständig aufgelöst ist. Die Torte damit langsam beträufeln.

Schlagobers mit Staubzucker und Sahnesteif aufschlagen. Oberfläche und Rand der Torte damit bestreichen und die Torte kalt stellen.

Vor dem Servieren Papierschablonen auf die Torte legen und mit Kakao bestreuen.

Calvados®-Torte

Rezept von Katarina M., Schalchen

Rezept Nr. 1666 ca. 45 Min.

Zutaten für 14 Stück

Sandmasse:

200 g weiche Butter
150 g gesiebter Staubzucker
1 Pck. Dr. Oetker Vanillin Zucker
1 Pck. Dr. Oetker Finesse Geriebene Zitronenschale
4 Eier (Größe M)
200 g glattes Mehl
1/2 Pck. Dr. Oetker Backpulver

Zum Bestreuen:

100 g Mandelblättchen

Apfel-Füllung:

1/2 kg geschälte, entkernte Äpfel
Saft von 1 Zitrone
1 Prise Zimt
200 ml Apfelsaft
2 Pck. Dr. Oetker Tortengelee klar
100 ml Calvados®

Calvados®-Creme:

400 ml flüssiges Schlagobers
3 EL gesiebter Staubzucker
1 Prise Zimt
6 Stk. Dr. Oetker Blatt Gelatine
70 ml Calvados®

Zubereitung

Für die Masse Butter mit Staubzucker, Vanillin Zucker und Zitronenschale mit dem Handmixer (Rührstäbe) cremig rühren. Die Eier einzeln einrühren. Mehl mit Backpulver vermischen, darübersieben und mit dem Kochlöffel unterheben.

Die Masse in eine am Boden mit Backpapier ausgelegte Springform (26 cm Ø) füllen, glatt streichen und dicht mit Mandeln bestreuen.

Die Form auf dem Rost in die untere Hälfte des vorgeheizten Rohres schieben.

Ober-/Unterhitze: 180 Grad
Heißluft: 160 Grad
Backzeit: ca. 45 Min.

Für die Füllung die Äpfel blättrig schneiden, mit Zitronensaft, Zimt, Apfelsaft und Tortengelee verrühren und zugedeckt weich dünsten. Vom Herd nehmen und den Calvados® einrühren.

Die erkaltete Torte 1-mal durchschneiden und den Tortenboden mit dem Springformrand umstellen. Die Füllung darauf verteilen. Die Torte ca. 2 Std. kalt stellen.

Für die Creme Schlagobers mit Staubzucker und Zimt aufschlagen. Die Gelatine nach Packungsanleitung vorbereiten, mit Calvados® erwärmen und mit 1/3 des Schlagobers verrühren. Bei beginnender Gelierung das übrige Schlagobers unterheben. Die Creme auf der erkalteten Füllung glatt streichen. Mit dem zweiten Tortenboden abdecken und leicht andrücken. Die Torte ca. 1 Std. kalt stellen.

Cointreau®-Nougat-Kuchen

Rezept von Anni M., Niedernsill

Rezept Nr. 1667 ca. 40 Min.

Zutaten für 12 Stück

Sandmasse:

200 g erweichter Dr. Oetker Nuss Nougat
4 Dotter (Größe M)
80 g gesiebter Staubzucker
1 Prise Salz
70 g glattes Mehl
1/2 Pck. Dr. Oetker Backpulver
1 Pck. Dr. Oetker Original Pudding Vanille Geschmack
100 g geriebene Mandeln
4 Eiklar (Größe M)

Cointreau®-Creme:

100 ml Orangensaft
50 ml Cointreau®
1 Pck. Dr. Oetker Finesse Geriebene Orangenschale
4 EL Zucker
3 Stk. Dr. Oetker Blatt Gelatine
100 ml geschlagenes Schlagobers

Zum Beträufeln:

etwas Cointreau®

Zum Bestreuen:

einige Schokospäne
einige Dr. Oetker Pistazien gehackt

Zubereitung

Für die Masse Nuss Nougat mit Dotter, Staubzucker und Salz verrühren. Mehl mit Backpulver und Puddingpulver vermischen, darübersieben und mit Mandeln mit dem Kochlöffel einrühren. Eiklar steif schlagen und unterheben.

Die Masse in eine befettete, bemehlte Kastenform (10 x 30 cm) füllen und glatt streichen.

Die Form auf dem Rost in die untere Hälfte des vorgeheizten Rohres schieben.

Ober-/Unterhitze: 180 Grad
Heißluft: 160 Grad
Backzeit: ca. 40 Min.

Für die Creme Orangensaft mit Likör, Orangenschale und Zucker verrühren. Die Gelatine nach Packungsanleitung zubereiten und einrühren. Das Schlagobers bei beginnender Gelierung unterheben.

Den erkalteten Kuchen 3-mal durchschneiden und mit 3/4 der Creme füllen; dabei die Kuchenlagen immer mit etwas Likör beträufeln. Den Kuchen mit der übrigen Creme bestreichen und mit Schokospänen und Pistazien bestreut kalt stellen.

Hinweis: Cointreau® ist ein Orangenlikör

Likör-Kuchen

Rezept von Reinhold H., Pasching

Rezept Nr. 1668 ca. 20 Min.

Zutaten für 14 Stück

Sandmasse:

3 Eier (Größe M)
130 g gesiebter Staubzucker
1 Pck. Dr. Oetker Bourbon Vanille Zucker
1/8 l Speiseöl
1/16 l Orangenlikör
1/16 l Apfellikör
100 g glattes Mehl
70 g Kartoffelstärke
1/2 Pck. Dr. Oetker Backpulver
30 g gesiebter Backkakao

Orangen-Glasur:

150 g gesiebter Staubzucker
60 ml Orangenlikör

Zum Verzieren:

etwas flüssige Dr. Oetker Kuchen Glasur Kakao

Zubereitung

Für die Masse Eier mit Staubzucker und Vanille Zucker mit dem Handmixer (Rührstäbe) cremig rühren. Öl und Liköre mit dem Kochlöffel kurz einrühren. Mehl mit Stärke, Backpulver und Kakao vermischen, darübersieben und unterheben.

Die Masse in eine befettete, bemehlte Wannen- oder Rehrückenform füllen und glatt streichen.

Die Form auf dem Rost in die untere Hälfte des vorgeheizten Rohres schieben.

Ober-/Unterhitze: 180 Grad
Heißluft: 160 Grad
Backzeit: ca. 45 Min.

Für die Glasur Staubzucker mit Likör glatt rühren und den erkalteten Kuchen damit glasieren. Die Glasur in ein Spritztütchen füllen und feine Linien auf den Kuchen spritzen.

Wein-Rolle

Rezept von Verena P., Puchberg

Rezept Nr. 1669 ca. 30 Min.

Zutaten für 12 Stück

Biskuitmasse:

5 Eier (Größe M)
100 g Zucker
1 Pck. Dr. Oetker Vanillin Zucker
1 Pck. Dr. Oetker Finesse Geriebene Zitronenschale
100 g glattes Mehl

Wein-Creme:

3/8 l trockener Weißwein (z.B. Veltliner)
Saft von 1 Zitrone
1 Pck. Dr. Oetker Original Pudding Vanille Geschmack
250 g weiche Butter
200 g gesiebter Staubzucker

Zum Bestreuen:

einige Schokospäne

Zubereitung

Für die Masse Eier mit Zucker, Vanillin Zucker und Zitronenschale mit dem Handmixer (Rührstäbe) schaumig aufschlagen. Das Mehl darübersieben und mit dem Kochlöffel unterheben.

Die Masse auf ein mit Backpapier ausgelegtes Backblech (30 x 35 cm) streichen.

Das Blech in die Mitte des vorgeheizten Rohres schieben.

Ober-/Unterhitze: 200 Grad
Heißluft: 180 Grad
Backzeit: ca. 12 Min.

Für die Creme Wein mit Zitronensaft und Puddingpulver unter Rühren zu einem Pudding kochen und unter mehrmaligem Umrühren erkalten lassen. Butter mit Staubzucker cremig rühren und den Pudding löffelweise einrühren.

Das Biskuit mit 3/4 der Creme bestreichen und zu einer Roulade einrollen. Die Roulade mit der übrigen Creme bestreichen, mit Schokospänen bestreuen und ca. 2 Std. kalt stellen.

Amaretto-Mohn-Herz

Rezept von Brigitte N., St. Georgen, OÖ

Rezept Nr. 1670 ca. 45 Min.

Zutaten für 16 Stück

Sandmasse:

5 Dotter (Größe M)
50 g klein geschnittene Marzipanrohmasse
1 Prise Salz
3 EL Amaretto
1/2 Röhrchen Dr. Oetker Aroma Bittermandel
80 g gesiebter Staubzucker
5 Eiklar (Größe M)
100 g Zucker
100 g glattes Mehl
1/2 Pck. Dr. Oetker Backpulver
100 g gemahlener Mohn
100 g geriebene Mandeln
80 g zerlassene Butter

Zum Beträufeln:

1/16 l Amaretto

Glasur und zum Verzieren:

200 g gesiebter Staubzucker
50 ml Zitronensaft
etwas Dr. Oetker Back- & Speisefarbe rot

Zubereitung

Für die Masse Dotter mit Marzipan, Salz, Amaretto, Aroma und Staubzucker mit dem Handmixer (Rührstäbe) cremig rühren. Eiklar mit Zucker steif schlagen und zur Dottermasse geben. Mehl mit Backpulver vermischen und darübersieben. Mohn und Mandeln dazugeben und mit der Butter mit dem Kochlöffel unterheben.

Die Masse in eine befettete, bemehlte Herzform (24 cm Ø) füllen und glatt streichen.

Die Form auf dem Rost in die untere Hälfte des vorgeheizten Rohres schieben.

Ober-/Unterhitze: 180 Grad
Heißluft: 160 Grad
Backzeit: ca. 40 Min.

Den erkalteten Kuchen mehrmals mit einem Spieß einstechen und mit Amaretto langsam beträufeln.

Für die Glasur Staubzucker mit Zitronensaft glatt rühren. Den Kuchen mit 3/4 der Glasur glasieren. Die Hälfte der übrigen Glasur in ein Spritztütchen füllen. Die restliche Glasur mit Speisefarbe rosa einfärben und in ein Spritztütchen füllen. Mit weißer Glasur Blumen auf die getrocknete Glasur am Kuchen spritzen und mit rosa Glasur auffüllen.

Vitamine & Co

Schmetterling

Rezept von Veronika K., Tauplitz

Rezept Nr. 1671 ca. 45 Min.

Zutaten für 14 Stück

Schoko-Wiener Masse:

3 Eier (Größe M)
150 g Zucker
1/2 Röhrchen Dr. Oetker Aroma Rum
180 g glattes Mehl
1/2 Pck. Dr. Oetker Backpulver
1 EL Backkakao
80 g zerlassene Butter

Rhabarber-Belag:

300 g klein geschnittener Rhabarber

Sauerrahm-Creme:

1/4 l Sauerrahm
5 EL gesiebter Staubzucker
Saft von 2 Zitronen
6 Stk. Dr. Oetker Blatt Gelatine
1/4 l geschlagenes Schlagobers

Zum Verzieren:

500 g Erdbeeren

Guss:

1 Pck. Dr. Oetker Tortengelee klar
1/4 l Wasser
3-4 EL Zucker

Zubereitung

Für die Masse Eier mit Zucker und Aroma mit dem Handmixer (Rührstäbe) cremig rühren. Mehl mit Backpulver und Kakao vermischen, darübersieben und mit der Butter mit dem Kochlöffel unterheben.

Einen Springformrand (26 cm Ø) auf ein befettetes, bemehltes Backblech legen. Die Masse einfüllen, glatt streichen und mit Rhabarber belegen.

Das Blech in die untere Hälfte des vorgeheizten Rohres schieben.

Ober-/Unterhitze: 180 Grad
Heißluft: 160 Grad
Backzeit: ca. 35 Min.

Die Torte in der Form am Blech erkalten lassen.

Für die Creme Sauerrahm mit Staubzucker und Zitronensaft verrühren. Die Gelatine nach Packungsanleitung zubereiten und einrühren. Bei beginnender Gelierung das Schlagobers unterheben. Die Creme auf die Torte gießen und glatt streichen. Die Torte ca. 2 Std. kalt stellen.

Nach dem Festwerden der Creme die Torte vom Formrand lösen. Die Torte halbieren und mit den Rundungen aneinander auf eine Kuchenplatte geben.

Die Erdbeeren blättrig schneiden und die Tortenhälften damit belegen. 4 ganze Erdbeeren für den Körper in die Mitte setzen.

Tortengeleepulver mit Wasser und Zucker nach Packungsanleitung zubereiten und die Erdbeeren damit bestreichen. Den Schmetterling kalt stellen.

Tipp: Für die Fühler getrocknete Rhabarberfäden verwenden

Joghi-Mohntorte

Rezept von Martina E., Fornach

Rezept Nr. 1672 ca. 45 Min.

Zutaten für 14 Stück

Mohn-Sandmasse:

100 g weiche Butter
30 g gesiebter Staubzucker
1 Pck. Dr. Oetker Vanillin Zucker
1 Prise Zimt
1 Prise Salz
4 Dotter (Größe M)
4 Eiklar (Größe M)
90 g Zucker
100 g gemahlener Mohn
70 g gesiebtes glattes Mehl

Joghurt-Creme:

6 Stk. Dr. Oetker Blatt Gelatine
1/2 l Joghurt
1 Pck. Dr. Oetker Finesse Geriebene Zitronenschale
1 Pck. Dr. Oetker Bourbon Vanille Zucker
4 EL Staubzucker
Saft von 1 Zitrone
100 g Himbeeren
1/4 l geschlagenes Schlagobers

Belag:

200 g Himbeeren
1 Pck. Dr. Oetker Tortengelee rot
1/4 l Wasser
3-4 EL Zucker

Zubereitung

Für die Masse Butter mit Staubzucker, Vanillin Zucker, Zimt und Salz mit dem Handmixer (Rührstäbe) cremig rühren. Die Dotter einzeln einrühren. Eiklar mit Zucker steif schlagen und mit dem Kochlöffel unterrühren. Mohn mit Mehl vermischen und unterheben.

Die Masse in eine am Boden mit Backpapier ausgelegte Springform (26 cm Ø) füllen und glatt streichen.

Die Form auf dem Rost in die untere Hälfte des vorgeheizten Rohres schieben.

Ober-/Unterhitze: 180 Grad
Heißluft: 160 Grad
Backzeit: ca. 30 Min.

Für die Creme die Gelatine nach Packungsanleitung vorbereiten. Joghurt mit Zitronenschale, Vanille Zucker und Staubzucker verrühren. Die Gelatine mit Zitronensaft erwärmen und einrühren. Die Himbeeren unterrühren. Bei beginnender Gelierung das Schlagobers unterheben.

Die erkaltete Torte mit dem Springformrand umstellen. Die Creme darauf verteilen und glatt streichen. Die Torte ca. 3 Std. kalt stellen.

Die Himbeeren auf der Torte verteilen.

Tortengeleepulver mit Wasser und Zucker nach Packungsanleitung zubereiten und langsam auf der Torte verteilen. Nach dem Festwerden des Gelees den Springformrand entfernen und die Torte kalt stellen.

Südseezauber

Rezept von Sonja B., Altenberg

Rezept Nr. 1673 ca. 30 Min.

Zutaten für 24 Stück

Sandmasse:

5 Eier (Größe M)
250 g gesiebter Staubzucker
1 Pck. Dr. Oetker Vanillin Zucker
150 ml Orangensaft
150 ml Speiseöl
350 g glattes Mehl
1 gestrichener KL Dr. Oetker Backpulver

Zum Bestreuen:

4 EL Kokosette

Zum Beträufeln:

6 EL Rum

Frucht-Belag:

1/2 l Sauerrahm
3 EL gesiebter Staubzucker
1 KL Zimt
6 Stk. Dr. Oetker Blatt Gelatine
4 EL Rum
350 g gut abgetropfter Fruchtcocktail
1/4 l geschlagenes Schlagobers

Zum Bestreuen:

etwas Backkakao

Zubereitung

Für die Masse Eier mit Staubzucker und Vanillin Zucker mit dem Handmixer (Rührstäbe) cremig rühren. Orangensaft und Öl mit dem Kochlöffel kurz unterrühren. Mehl und Backpulver vermischen, darübersieben und unterheben.

Die Masse auf ein befettetes, bemehltes Randblech streichen (30 x 35 cm) und mit Kokosette bestreuen.

Das Blech in die untere Hälfte des vorgeheizten Rohres schieben.

Ober-/Unterhitze: 180 Grad
Heißluft: 160 Grad
Backzeit: ca. 25 Min.

Den noch warmen Kuchen mit Rum beträufeln und erkalten lassen.

Für den Belag Sauerrahm mit Staubzucker und Zimt verrühren. Die Gelatine nach Packungsanleitung vorbereiten, mit Rum erwärmen und einrühren. Den Fruchtcocktail dazugeben. Bei beginnender Gelierung das Schlagobers unterheben. Den Belag auf den Kuchen streichen. Nach dem Festwerden des Belages mit Kakao leicht bestreuen.

Tipps: Keine frischen Papayas, Kiwis, Ananas oder Feigen für dieses Rezept verwenden, da diese Früchte sich nicht mit Gelatine vertragen.

Zum Beträufeln kann man statt Rum auch Orangen- oder Mangosaft verwenden.

Jamaica-Schnitten

Rezept von Manuela M., Neusiedl/See

Rezept Nr. 1674

ca. 30 Min.

Zutaten für 25 Stück

Schokolade-Sandmasse:

200 g weiche Butter
200 g gesiebter Staubzucker
1 Pck. Dr. Oetker Bourbon Vanille Zucker
5 Dotter (Größe M)
100 g flüssige Kochschokolade
350 g glattes Mehl
1 Pck. Dr. Oetker Backpulver
1/8 l Milch
2 EL Rum

Frucht-Belag:

640 g gut abgetropfter Fruchtcocktail

Kokos-Belag:

5 Eiklar (Größe M)
200 g Zucker
1 Röhrchen Dr. Oetker Aroma Rum
150 g Kokosette
3 EL Kokoslikör

Zubereitung

Für die Masse Butter mit Staubzucker und Vanille Zucker mit dem Handmixer (Rührstäbe) cremig rühren. Die Dotter einzeln einrühren. Die Schokolade mit dem Kochlöffel unterrühren. Mehl mit Backpulver vermischen, darübersieben und abwechselnd mit Milch und Rum unterrühren.

Die Masse auf ein befettetes, bemehltes Backblech streichen (30 x 35 cm) und den Fruchtcocktail gleichmäßig darauf verteilen.

Für den Kokos-Belag Eiklar mit Zucker und Aroma mit dem Handmixer (Rührstäbe) steif schlagen. Kokosette und Likör einrühren. Den Belag in einen Spritzbeutel mit mittlerer glatter Tülle füllen und beliebig aufspritzen.

Das Blech in die untere Hälfte des vorgeheizten Rohres schieben.

Ober-/Unterhitze: 170 Grad
Heißluft: 150 Grad
Backzeit: ca. 50 Min.

Bananen-Vollwert-Kuchen

Rezept von Marion A., Oberwölbling

Rezept Nr. 1675 ca. 40 Min.

Zutaten für 14 Stück

Dinkel-Sandmasse:

120 g weiche Butter
120 g gesiebter Staubzucker
1 Pck. Dr. Oetker Bourbon Vanille Zucker
1 Prise Salz
4 Eier (Größe M)
250 g Dinkelvollkornmehl
1 Pck. Dr. Oetker Backpulver
100 g geriebene Nüsse nach Wahl
400 g zerdrückte Bananen

Glasur:

200 g flüssige Dr. Oetker Kuchen Glasur Kakao (1 Becher)

Zum Verzieren:

etwas erweichte weiße Schokolade

Zubereitung

Für die Masse Butter mit Staubzucker, Vanille Zucker und Salz mit dem Handmixer (Rührstäbe) crenug rühren. Die Eier einzeln einrühren. Vollkornmehl mit Backpulver und Nüssen vermischen und mit den Bananen mit dem Kochlöffel unterheben.

Die Masse in eine befettete, bemehlte Wannenform füllen und glatt streichen.

Die Form auf dem Rost in die untere Hälfte des vorgeheizten Rohres schieben.

Ober-/Unterhitze: 170 Grad
Heißluft: 150 Grad
Backzeit: ca. 60 Min.

Den erkalteten Kuchen mit Glasur bestreichen.

Die Schokolade in ein Spritztütchen füllen und beliebig auf den Kuchen spritzen.

Meloni

Rezept von Claudia M., Wien

Rezept Nr. 1676 ca. 45 Min.

Zutaten für 16 Stück

Mürbteig:

300 g gesiebtes glattes Mehl
100 g gesiebter Staubzucker
1 Pck. Dr. Oetker Finesse Geriebene Orangenschale
1 Ei (Größe M)
180 g weiche Butter

Topfen-Creme:

8 Stk. Dr. Oetker Blatt Gelatine
3 EL Rum
750 g Speisetopfen (10 %)
Saft von 1 Zitrone
150 g gesiebter Staubzucker
3/8 l geschlagenes Schlagobers

Zum Belegen und Verzieren:

1 geschälte, entkernte Zuckermelone

Zubereitung

Für den Teig die Zutaten der Reihe nach in eine Rührschüssel geben und mit dem Handmixer (Knethaken) verkneten.
In Frischhaltefolie gewickelt ca. 40 Min. kalt stellen.

Den Teig in vier Stücke teilen und zu Quadraten (20 x 20 cm) ausrollen. Einen Teig auf ein befettetes Backblech geben.

Das Blech in die Mitte des vorgeheizten Rohres schieben.

Ober-/Unterhitze: 200 Grad
Heißluft: 180 Grad
Backzeit: ca. 8 Min.

Den Backvorgang noch 3-mal wiederholen.

Für die Creme die Gelatine nach Packungsanleitung vorbereiten.
Topfen mit Zitronensaft und Staubzucker glatt rühren.
Die Gelatine erwärmen und unterrühren. Bei beginnender Gelierung das Schlagobers unterheben. Die Creme in einen Spritzbeutel mit mittlerer glatter Tülle füllen und Tupfen auf einen Mürbteigboden spritzen.

Die Hälfte der Melone in kleine Stücke schneiden und die übrige mit einem Kugelausstecher ausstechen. Einige Melonenstücke auf der Creme verteilen und mit einem Mürbteigboden abdecken. Diesen Vorgang wiederholen, bis die Mürbteigböden aufgebraucht sind und mit Creme abschließen. Den Kuchen mit Melonenkugeln verziert kalt stellen.

Sonnen-Torte

Rezept von Karoline H., Bregenz

Rezept Nr. 1677

ca. 45 Min.

Zutaten für 14 Stück

Sandmasse:

2 Eier (Größe M)
60 g gesiebter Staubzucker
1 Pck. Dr. Oetker Vanillin Zucker
60 g glattes Mehl
20 g zerlassene Butter

Frischkäse-Mango-Füllung:

250 g Frischkäse (z. B. Gervais)
Saft von 1 Zitrone
100 g gesiebter Staubzucker
1 Pck. Dr. Oetker Vanillin Zucker
1 geschälte, entkernte Mango
5 Stk. Dr. Oetker Blatt Gelatine
400 ml geschlagenes Schlagobers

Mango-Belag:

1 geschälte Mango

Zum Bestreichen:

1 Pck. Dr. Oetker Tortengelee klar
1/4 l Wasser
3-4 EL Zucker

Zubereitung

Für die Masse Eier mit Staubzucker und Vanillin Zucker mit dem Handmixer (Rührstäbe) cremig rühren. Das Mehl darübersieben und mit der Butter mit dem Kochlöffel unterheben.

Die Masse in eine am Boden mit Backpapier ausgelegte Springform (26 cm Ø) füllen und glatt streichen.

Die Form auf dem Rost in die untere Hälfte des vorgeheizten Rohres schieben.

Ober-/Unterhitze: 200 Grad
Heißluft: 180 Grad
Backzeit: ca. 15 Min.

Für die Füllung Frischkäse mit Zitronensaft, Staubzucker und Vanillin Zucker verrühren. Die Mango klein schneiden und dazugeben. Die Gelatine nach Packungsanleitung zubereiten und einrühren. Bei beginnender Gelierung das Schlagobers unterheben.

Die erkaltete Torte mit dem Springformrand umstellen. Die Füllung darauf verteilen und glatt streichen. Die Torte ca. 1 Std. kalt stellen.

Die Mango in dünne Spalten schneiden und sonnenförmig auf die Torte legen. Den Springformrand entfernen.

Tortengeleepulver mit Wasser und Zucker nach Packungsanleitung zubereiten und die Mangospalten damit bestreichen. Die Torte bis zum Servieren kalt stellen.

Erdbeertraum

Rezept von Maria K., Behamberg

Rezept Nr. 1678 ca. 30 Min.

Zutaten für 10 Stück

Sandmasse mit Haube:

120 g weiche Butter
100 g gesiebter Staubzucker
1 Pck. Dr. Oetker Vanillin Zucker
4 Dotter (Größe M)
150 g glattes Mehl
2 gestrichene KL Dr. Oetker Backpulver
3 EL Milch

Zum Bestreichen:

4 Eiklar (Größe M)
180 g Zucker

Erdbeer-Creme:

3/8 l flüssiges Schlagobers
2 EL Erdbeer-Marmelade
2 EL Staubzucker
1 Pck. Dr. Oetker Bourbon Vanille Zucker
4 Stk. Dr. Oetker Blatt Gelatine
Saft von 1 Zitrone
500 g klein geschnittene Erdbeeren

Zum Bestreuen:

etwas Staubzucker

Zubereitung

Für die Masse Butter mit Staubzucker und Vanillin Zucker mit dem Handmixer (Rührstäbe) cremig rühren. Die Dotter einzeln einrühren. Mehl mit Backpulver vermischen, darübersieben und mit der Milch unterheben.

Die Masse rechteckig (20 x 25 cm) auf ein mit Backpapier ausgelegtes Backblech streichen.

Eiklar mit Zucker steif schlagen und gleichmäßig auf die Masse streichen.

Das Blech in die untere Hälfte des vorgeheizten Rohres schieben.

Ober-/Unterhitze: 180 Grad
Heißluft: 160 Grad
Backzeit: ca. 30 Min.

Für die Creme Schlagobers mit Marmelade, Staubzucker und Vanille Zucker aufschlagen. Die Gelatine nach Packungsanleitung vorbereiten, mit Zitronensaft erwärmen und unter das Schlagobers rühren. Bei beginnender Gelierung die Erdbeeren unterheben.

Die Biskuitplatte halbieren und mit Creme zusammensetzen. Den Kuchen ca. 2 Std. kalt stellen.

Nach dem Festwerden der Creme mit Staubzucker leicht bestreuen.

Limettis

Rezept von Katharina B., St. Johann/Pongau

Rezept Nr. 1679 ca. 45 Min.

Zutaten für 24 Stück

Brandteig:

1/4 l Milch
100 g Butter
1 EL Zucker
150 g gesiebtes glattes Mehl
5 Eier (Größe M)

Limetten-Creme:

250 g Joghurt
100 g gesiebter Staubzucker
Saft von 2 Limetten
5 Stk. Dr. Oetker Blatt Gelatine
2 EL Rum
1/2 l geschlagenes Schlagobers

Zum Bestreuen:

etwas Staubzucker

Zubereitung

Für den Teig Milch mit Butter und Zucker aufkochen. Das Mehl auf einmal einrühren und so lange mit dem Kochlöffel unter Rühren rösten (abbrennen), bis sich ein weißer Belag bildet und der Teig sich vom Topf löst. Vom Herd nehmen, den Teig in eine Rührschüssel geben und abkühlen lassen. Die Eier mit dem Handmixer (Rührstäbe) einzeln einrühren und nach jedem Ei glatt rühren. Das letzte Ei versprudeln und nur so viel davon einrühren, bis der Teig stark glänzt und in langen Spitzen an den Rührstäben hängen bleiben. Der Teig muss so fest sein, dass die Konturen nicht verlaufen. Ein zu weicher Teig läuft beim Backen breit.

Den Teig in einen Spritzbeutel mit mittlerer Sterntülle füllen. Auf ein mit Backpapier ausgelegtes Backblech im Abstand von 1/2 cm kleine Krapferln zu einem Rechteck aufspritzen.

Das Blech in die untere Hälfte des vorgeheizten Rohres schieben.

Ober-/Unterhitze: 180 Grad
Heißluft: 160 Grad
Backzeit: ca. 25 Min.

Das erkaltete Gebäck vom Backpapier lösen und 1-mal durchschneiden (darf auch zerbrechen).

Für die Creme Joghurt mit Staubzucker und Limettensaft verrühren. Die Gelatine nach Packungsanleitung vorbereiten, mit Rum erwärmen und in das Jogurt einrühren. Bei beginnender Gelierung das Schlagobers unterheben. Die Creme gleichmäßig auf die untere Hälfte des Gebäcks streichen. Den Oberteil darauf legen und das Ganze kalt stellen.

Vor dem Servieren in beliebige Schnitten schneiden und mit Staubzucker leicht bestreuen.

Tipp: Statt Limetten kann man auch Zitronen verwenden.

Vital-Torte

Rezept von Hanni P., Ferlach

Rezept Nr. 1680 — ca. 40 Min.

Zutaten für 14 Stück

Nuss-Sandmasse:

80 g weiche Butter
50 g gesiebter Staubzucker
1 Pck. Dr. Oetker Bourbon Vanille Zucker
1 Messerspitze Zimt
3 Dotter (Größe M)
3 Eiklar (Größe M)
50 g Zucker
100 g geriebene Nüsse nach Wahl
60 g Semmelbrösel

Müsli-Füllung:

1/2 l Joghurt
4 EL Staubzucker
180 g Dr. Oetker Vitalis Knuspermüsli Schoko
1 geschälter, geriebener Apfel
Saft von 1 Orange
1 Pck. Dr. Oetker Gelatine gemahlen
1/4 l geschlagenes Schlagobers

Zum Bestreichen:

1/4 l flüssiges Schlagobers
1 Pck. Dr. Oetker Sahnesteif

Zum Bestreuen und Verzieren:

etwas Dr. Oetker Vitalis Knuspermüsli Schoko
einige Apfelspalten
etwas Zitronensaft

Zubereitung

Für die Masse Butter mit Staubzucker, Vanille Zucker, Zimt und Dotter mit dem Handmixer (Rührstäbe) cremig rühren. Eiklar mit Zucker steif schlagen und einrühren. Nüsse und Brösel vermischen und mit dem Kochlöffel unterheben.

Die Masse in eine am Boden mit Backpapier ausgelegte Springform (26 cm Ø) füllen und glatt streichen.

Die Form auf dem Rost in die untere Hälfte des vorgeheizten Rohres schieben.

Ober-/Unterhitze: 170 Grad
Heißluft: 150 Grad
Backzeit: ca. 45 Min.

Für die Füllung Joghurt mit Staubzucker, Müsli, Apfel und Saft gut verrühren. Die Gelatine nach Packungsanleitung zubereiten und einrühren. Bei beginnender Gelierung das Schlagobers unterheben.

Die erkaltete Torte mit dem Springformrand umstellen. Die Füllung darauf verteilen und glatt streichen. Die Torte ca. 2 Std. kalt stellen.

Schlagobers mit Sahnesteif aufschlagen und die Torte damit einstreichen.

Das Müsli mit einem Teigroller zerkleinern und Oberfläche und Tortenrand damit bestreuen. Apfelspalten mit Zitronensaft bestreichen und die Torte damit verzieren. Die Torte kalt stellen.

Kaukasische Torte

Rezept von Gerlinde Sch., Ostermiething

Rezept Nr. 1681 ca. 40 Min.

Zutaten für 14 Stück

Kakao-Sandmasse:

4 Eier (Größe M)
100 g gesiebter Staubzucker
1 Pck. Dr. Oetker Vanillin Zucker
100 g glattes Mehl
10 g Backkakao
2 EL Speiseöl

Frucht-Belag:

5 Scheiben Kompottananas
einige Erdbeerscheiben
300 g gemischte Beeren

Kefir-Obers-Füllung:

8 Stk. Dr. Oetker Blatt Gelatine
1/2 l Kefir
100 g gesiebter Staubzucker
1 Pck. Dr. Oetker Bourbon Vanille Zucker
Saft von 1 Zitrone
1/2 l geschlagenes Schlagobers

Zum Bestreichen:

1/2 Pck. Dr. Oetker Tortengelee klar
1/8 l Wasser
1-2 EL Zucker

Zubereitung

Für die Masse Eier mit Staubzucker und Vanillin Zucker mit dem Handmixer (Rührstbe) cremig rühren. Mehl mit Kakao vermischen, darübersieben und mit dem Kochlöffel unterrühren. Das Öl kurz einrühren.

Die Masse in eine am Boden mit Backpapier ausgelegte Springform (26 cm Ø) füllen und glatt streichen.

Die Form auf dem Rost in die untere Hälfte des vorgeheizten Rohres schieben.

Ober-/Unterhitze: 200 Grad
Heißluft: 180 Grad
Backzeit: ca. 20 Min.

Den Springformrand auf eine mit Frischhaltefolie eingeschlagene Tortenplatte stellen. Ananas und Erdbeeren einlegen und die Beeren in den Zwischenräumen verteilen.

Für die Füllung die Gelatine nach Packungsanleitung vorbereiten.
Kefir mit Staubzucker und Vanille Zucker verrühren.
Die Gelatine mit Zitronensaft erwärmen und einrühren.
Bei beginnender Gelierung das Schlagobers unterheben.
Die Füllung vorsichtig über die Früchte gießen und glatt streichen.
Den Tortenboden auf die Füllung geben. Die Torte ca. 3 Std. kalt stellen.

Die Torte vorsichtig mit Hilfe einer Tortenplatte umdrehen und Tortenplatte und Springformrand entfernen.

Tortengeleepulver mit Wasser und Zucker nach Packungsanleitung zubereiten und abgekühlt die Torte damit bestreichen. Die Torte kalt stellen.

Tipp: Keine frische Ananas verwenden. Gelatine in Verbindung mit frischer Ananas, Kiwi, Mango, Papaya oder Feige wird nicht fest. Diese Früchte haben ein Enzym, welches die Gelatinebindung stört.

Zitronen-Mandel-Torte

Rezept von Roswitha W., Raxendorf

Rezept Nr. 1682 ca. 40 Min.

Zutaten für 14 Stück

Mandel-Sandmasse:

250 g weiche Butter
200 g gesiebter Staubzucker
Saft von 1 Zitrone
2 Pck. Dr. Oetker Finesse Geriebene Zitronenschale
1/2 Röhrchen Dr. Oetker Aroma Bittermandel
4 Eier (Größe M)
200 g glattes Mehl
1 Pck. Dr. Oetker Backpulver
100 g geriebene Mandeln

Mandel-Pudding-Creme:

3/8 l Milch
1 Pck. Dr. Oetker Original Pudding Vanille Geschmack
1/2 Röhrchen Dr. Oetker Aroma Bittermandel
50 g gehackte, geröstete Mandeln
200 g weiche Butter
100 g gesiebter Staubzucker
Saft von 2 Zitronen

Zum Beträufeln:

etwas Amaretto

Zum Bestreuen:

einige geriebene Mandeln
etwas Backkakao

Zubereitung

Für die Masse Butter mit Staubzucker, Zitronensaft, Zitronenschale und Aroma mit dem Handmixer (Rührstäbe) cremig rühren. Die Eier einzeln einrühren. Mehl mit Backpulver vermischen, darübersieben und mit den Mandeln mit dem Kochlöffel unterheben.

Die Masse in eine am Boden befettete, bemehlte Springform (26 cm Ø) füllen und glatt streichen.

Die Form auf dem Rost in die untere Hälfte des vorgeheizten Rohres schieben.

Ober-/Unterhitze: 170 Grad
Heißluft: 150 Grad
Backzeit: ca. 45 Min.

Für die Creme Milch mit Puddingpulver und Aroma unter Rühren zu einem Pudding kochen. Vom Herd nehmen, die Mandeln in den heißen Pudding einrühren und unter mehrmaligem Umrühren erkalten lassen.

Butter mit Staubzucker und Zitronensaft mit dem Handmixer (Rührstäbe) cremig rühren und den Pudding löffelweise dazugeben.

Die erkaltete Torte 3-mal durchschneiden und mit Amaretto beträufeln. Die Torte mit 2/3 der Creme zusammensetzen und mit der übrigen Creme einstreichen. Die Torte mit Mandeln bestreuen.

Eine beliebige Schablone auf die Torte legen und mit Kakao leicht bestreuen.

Das Größte für Kleine

Mond-Torte

Rezept von Klaudia S., Wildon

Rezept Nr. 1683 ca. 45 Min.

Zutaten für 14 Stück

Sandmasse:

200 g weiche Butter
200 g gesiebter Staubzucker
1 Pck. Dr. Oetker Vanillin Zucker
1 Prise Zimt
1/2 Röhrchen Dr. Oetker Aroma Rum
1 Pck. Dr. Oetker Finesse Geriebene Orangenschale
5 Dotter (Größe M)
5 Eiklar (Größe M)
250 g glattes Mehl
1 gestrichener KL Dr. Oetker Backpulver
200 g geriebene Zartbitterkuvertüre

Orangen-Brösel-Füllung:

zur Seite gegebene Gebäckreste
1 Pck. Dr. Oetker Finesse Geriebene Orangenschale
Saft von 1 Orange
100 g klein geschnittene Vollmilchkuvertüre
80 g Marillen-Marmelade
1/2 Röhrchen Dr. Oetker Aroma Rum

Zum Bestreichen:

etwas heiße Marillen-Marmelade

Zum Glasieren:

400 g flüssige Dr. Oetker Kuchen Glasur Kakao (2 Becher)

Zitronen-Glasur:

100 g gesiebter Staubzucker
etwas Zitronensaft

Zubereitung

Für die Masse Butter mit Staubzucker, Vanillin Zucker, Zimt, Aroma, Orangenschale und Dotter mit dem Handmixer (Rührstäbe) cremig rühren. Eiklar steif schlagen und mit dem Kochlöffel unterheben. Mehl mit Backpulver vermischen, darübersieben und mit Schokolade unterrühren.

Die Masse in eine am Boden mit Backpapier ausgelegte Springform (26 cm Ø) füllen und glatt streichen.

Die Form auf dem Rost in die untere Hälfte des vorgeheizten Rohres schieben.

Ober-/Unterhitze: 180 Grad
Heißluft: 160 Grad
Backzeit: ca. 40 Min.

Aus der erkalteten Torte mit Hilfe des Springformrandes einen Mond ausschneiden und den Mond 1-mal durchschneiden. Die Gebäckreste in einer Rührschüssel zur Seite geben und zerbröseln.

Für die Füllung die Gebäckreste mit den übrigen Zutaten zu einer kompakten Masse verkneten und den Mond damit zusammensetzen.

Die Torte mit Marmelade einstreichen und ca. 30 Min. kalt stellen.

Die Torte mit Glasur glasieren.

Für die Zitronen-Glasur Zitronensaft mit Staubzucker zu dicklicher Konsistenz glatt rühren und in ein Spritztütchen füllen. Gesicht und Sterne auf den Mond spritzen.

Reich-mir-die-Hand-Torte

Rezept von Paul K., Klagenfurt

Rezept Nr. 1684 ca. 60 Min.

Zutaten für 16 Stück

Schoko-Biskuitmasse:

7 Eier (Größe M)

180 g Zucker

150 g glattes Mehl

1 Pck. Dr. Oetker Original Pudding Schokolade

Zum Bestreichen:

300 g Heidelbeer-Marmelade

Pudding-Füllung:

2 Pck. Dr. Oetker Original Pudding Vanille Geschmack

3/4 l Milch

100 g Zucker

Zum Glasieren:

200 g flüssige Dr. Oetker Kuchen Glasur Kakao (1 Becher)

Zum Verzieren:

200 g Modelliermarzipan

etwas Dr. Oetker Back- & Speisefarbe nach Wahl

etwas flüssige Dr. Oetker Kuchen Glasur Kakao

Zubereitung

Für die Masse Eier mit Zucker mit dem Handmixer (Rührstäbe) schaumig aufschlagen. Mehl mit Puddingpulver vermischen, darübersieben und mit dem Kochlöffel unterheben.

Die Masse in eine befettete, bemehlte Kuchenform (24 x 24 cm) füllen und glatt streichen.

Die Form auf dem Rost in die untere Hälfte des vorgeheizten Rohres schieben.

Ober-/Unterhitze: 180 Grad
Heißluft: 160 Grad
Backzeit: ca. 40 Min.

Die erkaltete Torte 2-mal durchschneiden.

Für die Füllung Puddingpulver mit Milch und Zucker unter Rühren zu einem Pudding kochen. Die Hälfte der Marmelade auf den untersten Tortenboden streichen. Die Hälfte des heißen Puddings darauf geben und vorsichtig verstreichen. Den zweiten Tortenboden darauf geben und mit der übrigen Marmelade bestreichen. Den übrigen Pudding darauf verteilen. Mit dem dritten Tortenboden abdecken und vorsichtig andrücken. Die Torte ca. 2 Std. kalt stellen.

Die Torte mit Glasur glasieren.

Marzipan in Stücke teilen und mit Speisefarben nach Wahl bis zum gewünschten Farbton verkneten.

Die Marzipanstücke auf einer mit Staubzucker bestreuten Arbeitsfläche dünn ausrollen. In Streifen (1 x 10 cm) schneiden und – beliebig geformt – auf der Torte verteilen. Aus weißem Marzipan Augen formen und zwischen die Streifen legen. Die Pupillen aufspritzen. Die Torte mit Marzipan-Händen verzieren.

Löwen-Torte

Rezept von Brigitte W., Wien

Rezept Nr. 1685 ca. 60 Min.

Zutaten für 16 Stück

Schoko-Nuss-Sandmasse:

150 g weiche Butter

150 g gesiebter Staubzucker

1 Pck. Dr. Oetker Vanillin Zucker

5 Dotter (Größe M)

100 g flüssige Zartbitterkuvertüre

5 Eiklar (Größe M)

90 g glattes Mehl

1 gestrichener KL Dr. Oetker Backpulver

100 g geriebene Nüsse nach Wahl

Schoko-Butter-Creme:

1 Pkg. Dr. Oetker Tortencreme klassische Art

1/4 l raumwarme Milch

300 g weiche Butter

100 g gesiebter Staubzucker

100 g flüssige Dr. Oetker Kuchen Glasur Kakao (1/2 Becher)

Zum Verzieren:

etwas Dr. Oetker Back- & Speisefarbe gelb

etwas flüssige Dr. Oetker Kuchen Glasur Kakao

Zubereitung

Für die Masse Butter mit Staubzucker und Vanillin Zucker mit dem Handmixer (Rührstäbe) cremig rühren. Die Dotter einzeln einrühren. Die Kuvertüre mit dem Kochlöffel kurz unterrühren. Eiklar steif schlagen und unterheben. Mehl mit Backpulver vermischen, darübersieben und mit den Nüssen unterheben.

Die Masse in eine am Boden mit Backpapier ausgelegte Springform (26 cm Ø) füllen und glatt streichen.

Die Form auf dem Rost in die untere Hälfte des vorgeheizten Rohres schieben.

Ober-/Unterhitze: 170 Grad
Heißluft: 150 Grad
Backzeit: ca. 45 Min.

Für die Creme das Tortencremepulver mit einem Schneebesen in die raumwarme Milch einrühren und zu einer cremigen Masse verrühren. Die Masse ca. 15 Minuten stehen lassen. Butter mit Staubzucker mit einem Handmixer (Rührstäbe) cremig rühren. Die Tortencreme löffelweise unter die Buttermasse rühren. 1/4 der Creme zur Seite geben. Die Glasur in die übrige Creme einrühren.

Die erkaltete Torte 2-mal durchschneiden und mit 2/3 der Schokocreme füllen. Mit der Hälfte der übrigen Schokocreme den Tortenrand bestreichen. Mit der restlichen Schokocreme die Löwenmähne aufstreichen. Die zur Seite gegebene Creme mit Speisefarbe bis zum gewünschten Farbton einfärben, in einen Spritzbeutel mit kleiner Sterntülle füllen und ein Gesicht aufspritzen.

Die Glasur in ein Spritztütchen füllen und Augen und Schnauze aufspritzen. Für die Mähne die Glasur aufstreichen.

Maus-Torte

Rezept von Susi B., Salzburg-Aigen

Rezept Nr. 1686 ca. 60 Min.

Zutaten für 16 Stück

Nougat-Wiener Masse:

6 Eier (Größe M)

180 g gesiebter Staubzucker

40 g zerlassene Butter

2 EL Haselnuss-Nougat-Creme (z. B. Nutella®)

180 g gesiebtes glattes Mehl

Zum Bestreichen:

etwas Weichsel-Marmelade

Nuss-Nougat-Creme:

3/8 l flüssiges Schlagobers

3 EL Haselnuss-Nougat-Creme (z. B. Nutella®)

2 EL gesiebter Staubzucker

2 Pck. Dr. Oetker Sahnesteif

Zum Bestreuen:

einige Dr. Oetker Schoko Streusel

Zum Verzieren:

200 g Modelliermarzipan

2 Oblaten

100 g flüssige Dr. Oetker Kuchen Glasur Kakao (1/2 Becher)

einige Tropfen Rum

Zubereitung

Für die Masse Eier mit Staubzucker mit dem Handmixer (Rührstäbe) cremig rühren. Butter mit Haselnuss-Nougat-Creme verrühren, dazugeben und mit dem Mehl unterheben.

Die Masse in eine am Boden mit Backpapier ausgelegte Springform (24 cm Ø) füllen und glatt streichen.

Die Form auf dem Rost in die untere Hälfte des vorgeheizten Rohres schieben.

Ober-/Unterhitze: 180 Grad
Heißluft: 160 Grad
Backzeit: ca. 35 Min.

Die erkaltete Torte 3-mal durchschneiden.

Den Tortenboden mit Marmelade bestreichen und mit dem zweiten Tortenboden abdecken.

Für die Creme Schlagobers mit Haselnuss-Nougat-Creme, Staubzucker und Sahnesteif aufschlagen.

Die Torte mit 3/4 der Creme zusammensetzen. Den Tortenrand mit der übrigen Creme bestreichen und mit Schokostreuseln bestreuen. Die Torte kalt stellen.

Marzipan auf einer mit Staubzucker bestreuten Arbeitsfläche ausrollen und mit Hilfe des Springformrandes eine Scheibe (24 cm Ø) ausschneiden. Die Marzipanscheibe auf die Torte legen.

Aus den Oblaten Ohren und Augen ausschneiden. Die Ohren mit Glasur bestreichen und zwischen Tortenoberfläche und Marzipan stecken. Etwas Glasur mit Rum zu dickflüssiger Konsistenz verrühren und in ein Spritztütchen geben. Mund und die Konturen für Nase, Augen und Gesicht aufspritzen und die Konturen mit Glasur auffüllen.

Volles Rohr

Rezept von Margret K. Klagenfurt

Rezept Nr. 1687 ca. 70 Min.

Zutaten für 14 Stück

Biskuitmasse:
2 Eier (Größe M)
60 g Zucker
1/2 Pck. Dr. Oetker Vanillin Zucker
60 g gesiebtes glattes Mehl

Zum Bestreichen:
etwas Marmelade nach Wahl

Sandmasse:
80 g weiche Butter
80 g gesiebter Staubzucker
1 Pck. Dr. Oetker Vanillin Zucker
5 Tropfen Dr. Oetker Aroma Rum
4 Dotter (Größe M)
4 Eiklar (Größe M)
50 g Zucker
100 g glattes Mehl
30 g Backkakao

Zum Verzieren:
100 g gesiebter Staubzucker
etwas Zitronensaft
etwas Dr. Oetker Back- & Speisefarbe grün

Zum Dekorieren:
einige Dr. Oetker Zuckerblumen
einige Zuckerfiguren nach Wahl

Zubereitung

Für die Biskuitmasse Eier mit Zucker und Vanillin Zucker mit dem Handmixer (Rührstäbe) schaumig aufschlagen. Das Mehl darübersieben und mit dem Kochlöffel unterheben.

Die Masse auf ein mit Backpapier ausgelegtes Backblech (30 x 35 cm) streichen.

Das Blech in die Mitte des vorgeheizten Rohres schieben.

Ober-/Unterhitze: 200 Grad
Heißluft: 180 Grad
Backzeit: ca. 10 Min.

Das erkaltete Biskuit mit Marmelade bestreichen und zu einer Roulade einrollen.

Für die Sandmasse Butter mit Staubzucker, Vanillin Zucker und Aroma mit dem Handmixer (Rührstäbe) cremig rühren. Die Dotter einzeln einrühren. Eiklar mit Zucker steif schlagen und mit dem Kochlöffel unterheben. Mehl und Kakao vermischen, darübersieben und unterrühren.

Die Hälfte der Masse in eine befettete, bemehlte Wannenform (10 x 30 cm) füllen und die Roulade vorsichtig in die Masse drücken. Die übrige Masse darauf geben und glatt streichen.

Die Form auf dem Rost in die untere Hälfte des vorgeheizten Rohres schieben.

Ober-/Unterhitze: 180 Grad
Heißluft: 160 Grad
Backzeit: ca. 40 Min.

Staubzucker mit Zitronensaft und Speisefarbe zu dicklicher Konsistenz verrühren und in ein Spritztütchen füllen. Den Kuchen damit verzieren und mit Zuckerblumen und -figuren dekorieren.

Limo-Schnitten

Rezept von Helga St., Wartberg

Rezept Nr. 1688 ca. 40 Min.

Zutaten für 25 Stück

Spezial-Biskuitmasse:

4 Eier (Größe M)
200 g Zucker
1 Pck. Dr. Oetker Finesse Geriebene Orangenschale
1/8 l Speiseöl
1/8 l Orangenlimonade
200 g glattes Mehl

Gelee:

2 Pck. Dr. Oetker Tortengelee klar
3/8 l Orangenlimonade
2 EL Zucker

Sauerrahm-Belag:

1/2 l Sauerrahm
150 g gesiebter Staubzucker
2 Pck. Dr. Oetker Vanillin Zucker
1/2 l flüssiges Schlagobers
2 Pck. Dr. Oetker Sahnesteif

Zubereitung

Für die Masse Eier mit Zucker und Orangenschale mit dem Handmixer (Rührstäbe) schaumig aufschlagen. Öl mit Limonade mit dem Kochlöffel kurz unterrühren. Das Mehl darübersieben und unterheben.

Die Masse gleichmäßig auf ein befettetes, bemehltes Randblech (30 x 35 cm) streichen.

Das Blech in die untere Hälfte des vorgeheizten Rohres schieben.

Ober-/Unterhitze: 180 Grad
Heißluft: 160 Grad
Backzeit: ca. 25 Min.

Für das Gelee Tortengeleepulver mit Limonade und Zucker nach Packungsanleitung zubereiten, auf ein mit Frischhaltefolie ausgelegtes Backblech gießen und erstarren lassen. Nach dem Festwerden auf eine Arbeitsfläche stürzen. Die Folie vorsichtig abziehen und das Gelee in kleine Würfel schneiden.

Für den Belag Sauerrahm mit Staubzucker und Vanillin Zucker verrühren. Schlagobers mit Sahnesteif aufschlagen und mit der Hälfte der Geleewürfel unterheben. Den Belag gleichmäßig auf das Gebäck streichen und mit den übrigen Geleewürfeln belegen. Den Kuchen ca. 2 Std. kalt stellen.

Heidelbärli

Rezept von Anna und Martin K., Frauental

Rezept Nr. 1689 ca. 60 Min.

Zutaten für 16 Stück

Spezial-Biskuitmasse:

4 Dotter (Größe M)
90 g Zucker
1 Pck. Dr. Oetker Vanillin Zucker
1/8 l Speiseöl
2 EL Milch
4 Eiklar (Größe M)
90 g Zucker
80 g glattes Mehl
100 g Speisestärke

Heidelbeer-Creme:

4 Stk. Dr. Oetker Blatt Gelatine
6 EL Heidelbeer-Marmelade
1/4 l geschlagenes Schlagobers

Zum Bestreuen und Verzieren:

etwas Staubzucker
etwas flüssige Dr. Oetker Kuchen Glasur Kakao
100 g rosa Modelliermarzipan

Zubereitung

Für die Masse Dotter mit Zucker, Vanillin Zucker, Öl und Milch mit dem Handmixer (Rührstäbe) schaumig aufschlagen. Eiklar mit Zucker steif schlagen und zur Dottermasse geben. Mehl mit Stärke vermischen, darübersieben und mit dem Kochlöffel unterrühren.

Die Masse in eine befettete, bemehlte Bärenform füllen und glatt streichen.

Die Form auf dem Rost in die untere Hälfte des vorgeheizten Rohres schieben.

Ober-/Unterhitze: 180 Grad
Heißluft: 160 Grad
Backzeit: ca. 40 Min.

Für die Creme die Gelatine nach Packungsanleitung zubereiten und unter die Marmelade rühren. 1/3 des Schlagobers mit der Marmelade verrühren und bei beginnender Gelierung das übrige Schlagobers unterheben.

Den erkalteten Kuchen 2-mal durchschneiden und mit der Creme zusammensetzen. Den Kuchen ca. 1 Std. kalt stellen.

Den Kuchen mit Staubzucker bestreuen. Die Glasur in ein Spritztütchen füllen und Augen und Schnauze aufspritzen.

Marzipan auf einer mit Staubzucker bestreuten Arbeitsfläche ca. 3 mm dick ausrollen. Pfoten, Ohren und Bauch ausschneiden und den Bärenkuchen damit verzieren.

Feuerwehr-Kuchen

Rezept von Waltraud L., Unken

Rezept Nr. 1690 ca. 40 Min.

Zutaten für 14 Stück

Mürbteig:

150 g glattes Mehl
1 gestrichener KL Dr. Oetker Backpulver
80 g gesiebter Staubzucker
1/2 Pck. Dr. Oetker Vanillin Zucker
1 Ei (Größe M)
80 g kalte Butter

Kirsch-Pudding-Füllung:

1 Glas entsteinte Kompottkirschen (660 g)
2 EL Rum
2 EL Zucker
1 Pck. Dr. Oetker Original Pudding Vanille Geschmack

Streusel:

100 g kalte Butter
100 g gesiebtes glattes Mehl
100 g gesiebter Staubzucker
1 Prise Zimt

Zum Bestreichen:

1/2 l flüssiges Schlagobers
2 EL gesiebter Staubzucker
2 Pck. Dr. Oetker Sahnesteif

Zum Verzieren:

einige Kirschen
einige Minzeblätter
etwas Backkakao

Zubereitung

Für den Teig Mehl mit Backpulver vermischen und auf eine Arbeitsfläche sieben. Die übrigen Zutaten der Reihe nach dazugeben und mit den Händen zu einem Teig verkneten. In Frischhaltefolie gewickelt ca. 20 Min. kalt stellen.

Den Teig rund (26 cm Ø) ausrollen und in eine am Boden befettete, bemehlte Springform (26 cm Ø) geben.

Für die Füllung die Kirschen in einem Sieb gut abtropfen lassen und den Kompottsaft dabei auffangen. Kompottsaft mit Rum, Zucker und Puddingpulver unter Rühren zu einem Pudding kochen. Vom Herd nehmen und die Kirschen in den noch heißen Pudding einrühren. Den Pudding auf dem Teigboden gleichmäßig verteilen.

Für die Streusel die Zutaten der Reihe nach in eine Rührschüssel geben. Mit dem Handmixer (Knethaken) zu einem bröseligen Teig verkneten. Die Streusel gleichmäßig auf dem Pudding verteilen.

Die Form auf dem Rost in die untere Hälfte des vorgeheizten Rohres schieben.

Ober-/Unterhitze: 180 Grad
Heißluft: 160 Grad
Backzeit: ca. 35 Min.

Schlagobers mit Staubzucker und Sahnesteif aufschlagen und den erkalteten Kuchen damit einstreichen. Mit Kirschen und Minzeblättern verzieren und mit Kakao leicht bestreuen.

Dalmatiner-Kuchen

Rezept von Ingrid S., Wien

Rezept Nr. 1691 ca. 40 Min.

Zutaten für 16 Stück

Kakao-Mürbteig:

200 g glattes Mehl
1 gestrichener KL Dr. Oetker Backpulver
2 EL gesiebtes Kakaopulver (gesüßt)
100 g gesiebter Staubzucker
2 Pck. Dr. Oetker Vanillin Zucker
120 g weiche Butter
1 Ei (Größe M)

Topfen-Belag:

750 g Speisetopfen
3 Eier (Größe M)
250 g zerlassene Butter
3 Tropfen Dr. Oetker Aroma Zitrone
200 g gesiebter Staubzucker
2 Pck. Dr. Oetker Original Pudding Vanille Geschmack

Mohn-Belag:

1/8 l Milch
1 EL Honig
5 Tropfen Dr. Oetker Aroma Rum
3 EL Zucker
1 Prise Zimt
100 g gemahlener Mohn
2 EL Semmelbrösel

Zubereitung

Für den Teig Mehl mit Backpulver und Kakao vermischen und in eine Rührschüssel sieben. Die übrigen Zutaten der Reihe nach dazugeben und mit dem Handmixer (Knethaken) zu einem Teig verkneten. In Frischhaltefolie gewickelt ca. 30 Min. kalt stellen.

Den Teig zu einer Rolle formen und auf einer bemehlten Arbeitsfläche rechteckig (28 x 32 cm) ausrollen. Den Teig auf dem Teigroller aufrollen und auf ein befettetes, bemehltes Randblech geben.

Das Blech in die Mitte des vorgeheizten Rohres schieben.

Ober-/Unterhitze: 180 Grad
Heißluft: 160 Grad
Backzeit: ca. 8 Min.

Für den Topfen-Belag die Zutaten der Reihe nach in eine Rührschüssel geben und mit dem Handmixer (Rührstäbe) glatt rühren. Den Belag auf den abgekühlten Mürbteigboden streichen.

Für den Mohn-Belag Milch mit Honig, Aroma, Zucker und Zimt aufkochen. Mohn und Semmelbrösel vermischen und einrühren. Vom Herd nehmen und ca. 10 Min. unter mehrmaligem Umrühren quellen lassen. Verschieden große Portionen auf den Topfen-Belag geben und etwas flach drücken.

Das Blech in die untere Hälfte des vorgeheizten Rohres schieben.

Ober-/Unterhitze: 180 Grad
Heißluft: 160 Grad
Backzeit: ca. 40 Min.

Damals

Omas Schicht-Torte

Rezept von Margit F., Lenzing

Rezept Nr. 1692 ca. 60 Min.

Zutaten für 14 Stück

Zum Vorbereiten:

1 Papierschablone

Mürbteig:

250 g glattes Mehl
160 g weiche Butter
1 Ei (Größe M)
100 g gesiebter Staubzucker

Mohn-Füllung:

200 g gemahlener Mohn
50 g Zucker
1/8 l Milch

Nuss-Füllung:

200 g geriebene Nüsse nach Wahl
50 g Zucker
1/8 l Milch

Apfel-Füllung:

4 geschälte, entkernte Äpfel
1 EL Semmelbrösel
50 g Zucker
60 g Rosinen
1 Messerspitze Zimt
Saft von 1/2 Zitrone

Zum Bestreuen:

etwas Staubzucker

Zubereitung

Für den Teig das Mehl in eine Rührschüssel sieben. Die übrigen Zutaten der Reihe nach dazugeben und mit dem Handmixer (Knethaken) zu einem Teig verkneten. In Frischhaltefolie gewickelt ca. 30 Min. kalt stellen.

Den Teig in 4 Stücke teilen und jedes Teigstück rund (24 cm Ø) ausrollen. Eine Teigscheibe auf ein befettetes Backblech geben und mit dem Springformrand umstellen.

Das Blech in die Mitte des vorgeheizten Rohres schieben.

Ober-/Unterhitze: 200 Grad
Heißluft: 180 Grad
Backzeit: ca. 8 Min.

Den Backvorgang mit den übrigen Teigscheiben wiederholen.

Einen erkalteten Tortenboden auf dem Backblech mit dem Springformrand umstellen.

Für die Mohn-Füllung Mohn mit Zucker und Milch verrühren, auf den Mürbteigboden streichen und mit einem Mürbteigboden abdecken.

Für die Nuss-Füllung Nüsse mit Zucker und Milch verrühren, auf den Mürbteigboden streichen und mit einem Mürbteigboden abdecken.

Für die Apfel-Füllung die Äpfel klein schneiden, mit den übrigen Zutaten vermischen und auf dem Mürbteigboden verteilen. Mit dem vierten Mürbteigboden abdecken.

Das Blech in die untere Hälfte des vorgeheizten Rohres schieben.

Ober-/Unterhitze: 170 Grad
Heißluft: 150 Grad
Backzeit: ca. 30 Min.

Die Torte am Backblech im Springformrand erkalten lassen.

Die Schablone auf die Torte legen. Die Torte mit Staubzucker leicht bestreuen und die Schablone entfernen.

Spanische Mandeltorte

Rezept von Bruno P., Ebensee

Rezept Nr. 1693 ca. 45 Min.

Zutaten für 14 Stück

Spezial-Biskuitmasse:

6 Dotter (Größe M)
80 g Zucker
5 Tropfen Dr. Oetker Aroma Bittermandel
80 g flüssige Zartbitterkuvertüre
6 Eiklar (Größe M)
80 g Zucker
200 g geriebene Mandeln

Nougat-Obers-Creme:

1/2 l flüssiges Schlagobers
100 g erweichter Dr. Oetker Nuss-Nougat
2 Pck. Dr. Oetker Sahnesteif

Glasur:

150 g von der Nougat-Obers-Creme
130 g klein geschnittene Vollmilchkuvertüre

Zum Bestreuen:

einige geröstete Mandelblättchen

Zubereitung

Für die Masse Dotter mit Zucker und Aroma mit dem Handmixer (Rührstäbe) schaumig aufschlagen. Die Kuvertüre mit dem Kochlöffel kurz unterrühren. Eiklar mit Zucker steif schlagen und mit Mandeln unterheben.

Die Masse in eine am Boden befettete, bemehlte Springform (24 cm Ø) füllen und glatt streichen.

Die Form auf dem Rost in die untere Hälfte des vorgeheizten Rohres schieben.

Ober-/Unterhitze: 180 Grad
Heißluft: 160 Grad
Backzeit: ca. 30 Min.

Für die Creme Schlagobers mit Nuss-Nougat verrühren und mit Sahnesteif aufschlagen. 150 g der Creme für die Glasur zur Seite geben.

Die erkaltete Torte 1-mal durchschneiden, mit 2/3 der Creme füllen und mit der übrigen einstreichen.

Für die Glasur die zur Seite gegebene Creme unter Rühren auflösen. Vom Herd nehmen, die Kuvertüre dazu geben, unter Rühren abkühlen, zu dicklicher Konsistenz rühren. Die Torte damit glasieren. Vor dem Festwerden der Glasur mit Mandelblättchen bestreuen. Die Torte kalt stellen.

Blitz-Schoko-Torte

Rezept von Alexandra H., Wolfsbach

Rezept Nr. 1694

ca. 40 Min.

Zutaten für 14 Stück

Schoko-Sandmasse:

200 g weiche Butter
300 g gesiebter Staubzucker
8 Eier (Größe M)
200 g flüssige Zartbitterkuvertüre
100 g glattes Mehl
1 Pck. Dr. Oetker Backpulver
4 Pck. Dr. Oetker Original Pudding Schokolade

Zum Bestreichen:

300 g heiße Marillen-Marmelade

Glasur:

200 g flüssige Dr. Oetker Kuchen Glasur Kakao (1 Becher)

Zubereitung

Für die Masse Butter mit Staubzucker, Eiern und Kuvertüre in eine Rührschüssel geben. Mehl mit Backpulver und Puddingpulver vermischen und darübersieben und mit dem Handmixer (Rührstäbe) verrühren.

Die Masse in eine am Boden mit Backpapier ausgelegte Springform (26 cm Ø) füllen und glatt streichen.

Die Form auf den Rost in die untere Hälfte des vorgeheizten Rohres schieben.

Ober-/Unterhitze: 170 Grad
Heißluft: 150 Grad
Backzeit: ca. 60 Min.

Die erkaltete Torte 1-mal durchschneiden. Mit der Hälfte der Marmelade zusammensetzen und mit der übrigen einstreichen. Die Torte ca. 1 Std. kalt stellen.

Die Torte mit Glasur glasieren.

Jäger-Preiselbeer-Torte

Rezept von Liselotte R., Glödnitz

Rezept Nr. 1695 ca. 40 Min.

Zutaten für 14 Stück

Schoko-Nuss-Sandmasse:

150 g weiche Butter
150 g gesiebter Staubzucker
1 Pck. Dr. Oetker Vanillin Zucker
4 Eier (Größe M)
3 EL glattes Mehl
1 gestrichener KL Dr. Oetker Backpulver
3 EL Backkakao
200 g geriebene Nüsse nach Wahl

Guss:

450 g Preiselbeer-Konfitüre
1 Pck. Dr. Oetker Tortengelee klar

Rum-Obers:

1/4 l flüssiges Schlagobers
3 EL Rum
1 Pck. Dr. Oetker Vanillin Zucker
1 Pck. Dr. Oetker Sahnesteif

Zum Bestreuen:

etwas geriebene Schokolade nach Wahl

Zubereitung

Für die Masse Butter mit Staubzucker, Vanillin Zucker und Eiern mit dem Handmixer (Rührstäbe) cremig rühren. Mehl mit Backpulver und Kakao vermischen, darübersieben und mit Nüssen mit dem Kochlöffel unterheben.

Die Masse in eine am Boden befettete, bemehlte Springform (24 cm Ø) füllen und glatt streichen.

Die Form auf dem Rost in die untere Hälfte des vorgeheizten Rohres schieben.

Ober-/Unterhitze: 180 Grad
Heißluft: 160 Grad
Backzeit: ca. 40 Min.

Die erkaltete Torte mit dem Springformrand umstellen.

Für den Guss die Konfitüre mit Tortengelee verrühren und unter Rühren aufkochen lassen. Den heißen Guss auf dem Tortenboden verteilen. Die Torte ca. 2 Std. kalt stellen.

Schlagobers mit Rum, Vanillin Zucker und Sahnesteif steif schlagen und auf der Torte verteilen.

Die Torte mit Schokolade bestreuen und kalt stellen.

Grieß-Topfen-Torte

Rezept von Rosa B., Poysdorf

Rezept Nr. 1696 ca. 40 Min.

Zutaten für 14 Stück

Mürbteig:

250 g glattes Mehl
1 gestrichener KL Dr. Oetker Backpulver
80 g gesiebter Staubzucker
1 Pck. Dr. Oetker Vanillin Zucker
160 g weiche Butter

Topfenmasse:

1 kg Speisetopfen (10 %)
6 Eier (Größe M)
300 g Zucker
40 g Speisestärke
30 g Grieß
1 Pck. Dr. Oetker Original Pudding Vanille Geschmack
1 Pck. Dr. Oetker Finesse Geriebene Zitronenschale
1 Pck. Dr. Oetker Vanillin Zucker
180 g sehr weiche Butter

Zum Bestreuen:

etwas Staubzucker

Zubereitung

Für den Teig Mehl mit Backpulver vermischen und in eine Rührschüssel sieben. Die übrigen Zutaten der Reihe nach dazugeben und mit dem Handmixer (Knethaken) zu einem Teig verkneten. In Frischhaltefolie gewickelt ca. 30 Min. kalt stellen.

Die Hälfte des Teiges rund ausrollen und in eine am Boden mit Backpapier ausgelegte Springform (24 cm Ø) geben.

Die Form auf dem Rost in die Mitte des vorgeheizten Rohres schieben.

Ober-/Unterhitze: 180 Grad
Heißluft: 160 Grad
Backzeit: ca. 8 Min.

Den übrigen Teig zu einer Rolle formen, an den Springformrand in die erkaltete Form legen und am Formrand hochdrücken.

Für die Masse die Zutaten der Reihe nach in eine Rührschüssel geben und mit dem Handmixer (Rührstäbe) glatt rühren. Die Masse in die Form füllen und glatt streichen.

Die Form auf dem Rost in die untere Hälfte des vorgeheizten Rohres schieben.

Ober-/Unterhitze: 180 Grad
Heißluft: 160 Grad
Backzeit: ca. 70 Min.

Die Torte mit einem spitzen Messer vom Springformrand lösen und in der Form erkalten lassen.

Die Torte mit Staubzucker leicht bestreuen.

Rock-Omas-Geburtstagstorte

Rezept von Rosmarie W., Klagenfurt

Rezept Nr. 1697 ca. 60 Min.

Zutaten für 16 Stück

Nuss-Biskuitmasse:

7 Eier (Größe M)
200 g Zucker
2 Pck. Dr. Oetker Bourbon Vanille Zucker
10 Tropfen Dr. Oetker Aroma Rum
100 g glattes Mehl
100 g geriebene Nüsse nach Wahl

Vanille-Oberscreme:

1/2 l flüssiges Schlagobers
2 EL Staubzucker
1 Pck. Dr. Oetker Bourbon Vanille Zucker
2 Pck. Dr. Oetker Sahnesteif

Belag und zum Bestreichen:

320 g gut abgetropfte Kompottkirschen
3 EL Rum
2 EL Zucker
1 Pck. Dr. Oetker Tortengelee klar

Zum Bestreuen:

etwas Dr. Oetker Raspelschokolade Zartbitter

Zubereitung

Für die Masse Eier mit Zucker, Vanille Zucker und Aroma mit dem Handmixer (Rührstäbe) schaumig aufschlagen. Das Mehl darübersieben und mit Nüssen mit dem Kochlöffel unterheben.

Die Masse in eine am Boden befettete, bemehlte Springform (26 cm Ø) füllen und glatt streichen.

Die Form auf dem Rost in die untere Hälfte des vorgeheizten Rohres schieben.

Ober-/Unterhitze: 180 Grad
Heißluft: 160 Grad
Backzeit: ca. 40 Min.

Die erkaltete Torte 1-mal durchschneiden.

Für den Belag die Kompottkirschen mit Rum und Zucker pürieren. Das Tortengelee einrühren und unter Rühren aufkochen. Vom Herd nehmen, 1/3 sofort auf dem Tortenboden verteilen und fest werden lassen. Für die Creme Schlagobers mit Staubzucker, Vanille Zucker und Sahnesteif aufschlagen. Die Hälfte der Creme aufstreichen.

Den Belag unter Rühren erwärmen, bis er flüssig ist. Die Hälfte davon vorsichtig auf der Creme verteilen. Mit dem zweiten Tortenboden abdecken und leicht andrücken. Die Torte mit der übrigen Creme einstreichen. Den restlichen Belag unter Rühren erwärmen, bis er flüssig ist. Oberfläche und Rand beliebig damit bestreichen und mit Raspelschokolade bestreuen. Die Torte kalt stellen.

Bozener Kuchen

Rezept von Martina H., Baden bei Wien

Rezept Nr. 1698 ca. 40 Min.

Zutaten für 12 Stück

Pinien-Sandmasse:

100 g weiche Butter
50 g gesiebter Staubzucker
3 Dotter (Größe M)
100 g flüssige Kochschokolade
3 Eiklar (Größe M)
50 g Zucker
150 g glattes Mehl
1/2 Pck. Dr. Oetker Backpulver
50 g Pinienkerne
100 ml Milch

Zum Einstreuen:

einige Mandelblättchen

Zum Bestreichen und Verzieren:

1/4 l flüssiges Schlagobers
1 EL Staubzucker
1 Pck. Dr. Oetker Sahnesteif

Zum Bestreuen:

einige Dr. Oetker Pistazien gehackt

Zubereitung

Für die Masse Butter mit Staubzucker und Dotter mit dem Handmixer (Rührstäbe) cremig rühren. Die Schokolade mit dem Kochlöffel kurz einrühren. Eiklar mit Zucker steif schlagen und unterheben. Mehl mit Backpulver vermischen und darübersieben. Pinienkerne und Milch dazugeben und unterheben.

Die Masse in eine befettete, bemehlte und mit Mandelblättchen ausgestreute Kastenform (10 x 30 cm) füllen und glatt streichen.

Die Form auf dem Rost in die untere Hälfte des vorgeheizten Rohres schieben.

Ober-/Unterhitze: 180 Grad
Heißluft: 160 Grad
Backzeit: ca. 40 Min.

Schlagobers mit Staubzucker und Sahnesteif steif schlagen. Den erkalteten Kuchen mit der Hälfte des Schlagobers bestreichen. Das übrige Schlagobers in einen Spritzbeutel mit mittlerer Sterntülle füllen und beliebig auf den Kuchen spritzen. Die Pistazien darauf streuen.

Santiago-Kuchen

Rezept von Doris A., Lustenau

Rezept Nr. 1699 ca. 40 Min.

Zutaten für 14 Stück

Kaffee-Sandmasse:

100 g weiche Butter
200 g gesiebter Staubzucker
1 Pck. Dr. Oetker Vanillin Zucker
3 Dotter (Größe M)
250 g glattes Mehl
2 gestrichene KL Dr. Oetker Backpulver
1/8 l starker Kaffee
3 Eiklar (Größe M)

Zum Beträufeln:

etwas Kaffee

Obers-Füllung:

1/4 l flüssiges Schlagobers
2 EL Staubzucker
1 Pck. Dr. Oetker Sahnesteif

Glasur und zum Verzieren:

200 g gesiebter Staubzucker
4 EL Kaffee
1 EL Rum
einige Dr. Oetker Feine Mokkabohnen

Zubereitung

Für die Masse Butter mit Staubzucker, Vanillin Zucker und Dotter mit dem Handmixer (Rührstäbe) cremig rühren. Mehl mit Backpulver vermischen, darübersieben und mit Kaffee mit dem Kochlöffel unterrühren. Eiklar steif schlagen und unterheben.

Die Masse in eine befettete, bemehlte Kranzkuchenform (26 cm Ø) füllen und glatt streichen.

Die Form auf dem Rost in die untere Hälfte des vorgeheizten Rohres schieben.

Ober-/Unterhitze: 180 Grad
Heißluft: 160 Grad
Backzeit: ca. 40 Min.

Den erkalteten Kuchen 1-mal durchschneiden und mit Kaffee beträufeln.

Für die Füllung Schlagobers mit Staubzucker und Sahnesteif steif schlagen. In einen Spritzbeutel mit großer Sterntülle füllen und auf die untere Hälfte des Kuchens spritzen. Den Oberteil darauf legen und den Kuchen kalt stellen.

Für die Glasur Staubzucker mit Kaffee und Rum glatt rühren. Den Kuchen damit glasieren und mit Mokkabohnen verzieren.

Apfelwölkchen

Rezept von Irmgard Sch., Werfen

Rezept Nr. 1700

ca. 40 Min.

Zutaten für 24 Stück

Wiener Masse:

3 Dotter (Größe M)
3 EL Wasser
150 g gesiebter Staubzucker
1 Pck. Dr. Oetker Vanillin Zucker
50 g zerlassene Butter
200 g glattes Mehl
1/2 Pck. Dr. Oetker Backpulver
1/16 l Milch

Zum Bestreuen:

1 Pck. Dr. Oetker Sahnesteif

Zum Bestreichen:

700 g Apfelmus

Schneehaube:

3 Eiklar (Größe M)
1 Pck. Dr. Oetker Vanillin Zucker
200 g Zucker

Zubereitung

Für die Masse Dotter mit Wasser, Staubzucker und Vanillin Zucker mit dem Handmixer (Rührstöbe) cremig rühren.
Die Butter mit dem Kochlöffel kurz einrühren. Mehl und Backpulver vermischen, darübersieben und mit Milch unterheben.

Die Masse gleichmäßig auf ein befettetes, bemehltes Randblech (28 x 32 cm) streichen.

Das Blech in die Mitte des vorgeheizten Rohres schieben.

Ober-/Unterhitze: 180 Grad
Heißluft: 160 Grad
Backzeit: ca. 20 Min.

Den abgekühlten Boden mit Sahnesteif gleichmäßig bestreuen und mit Apfelmus bestreichen.

Für die Schneehaube Eiklar mit Zucker und Vanillin Zucker steif schlagen. Den Eischnee auf dem Apfelmus verteilen und wellenförmig verstreichen.

Das Blech in die Mitte des vorgeheizten Rohres schieben.

Ober-/Unterhitze: 180 Grad
Heißluft: 160 Grad
Backzeit: ca. 7 Min.

Moni-Burgi-Kuchen

Rezept von Isabella H., Altmünster

Rezept Nr. 1701 ca. 30 Min.

Zutaten für 20 Stück

Kakao-Sandmasse:

250 g weiche Butter
150 g gesiebter Staubzucker
1 Pck. Dr. Oetker Vanillin Zucker
6 Dotter (Größe M)
6 Eiklar (Größe M)
100 g Zucker
250 g glattes Mehl
1 Pck. Dr. Oetker Backpulver
2 EL Backkakao
4 EL Milch

Zum Beträufeln:

200 ml Früchtetee nach Wahl
4 EL Rum

Schoko-Obers:

1/4 l flüssiges Schlagobers
200 g klein geschnittene Zartbitterkuvertüre

Zubereitung

Für die Masse Butter mit Staubzucker, Vanillin Zucker und Dotter mit dem Handmixer (Rührstäbe) cremig rühren. Eiklar mit Zucker steif schlagen und zur Buttermasse geben. Mehl mit Backpulver und Kakao vermischen, darübersieben und mit Milch mit dem Kochlöffel unterheben.

Die Masse auf ein befettetes, bemehltes Randblech (28 x 32 cm) streichen.

Das Blech in die Mitte des vorgeheizten Rohres schieben.

Ober-/Unterhitze: 180 Grad
Heißluft: 160 Grad
Backzeit: ca. 25 Min.

Tee mit Rum verrühren und den erkalteten Kuchen damit beträufeln.

Für das Schoko-Obers Schlagobers aufkochen. Vom Herd nehmen, die Kuvertüre einrühren, bis sie vollständig aufgelöst ist und unter mehrmaligem Umrühren kalt stellen. Wenn die Masse beginnt dicklich zu werden, in eine Rührschüssel geben und mit dem Handmixer (Rührstäbe) schaumig aufschlagen.

Den Kuchen damit bestreichen und in beliebige Stücke schneiden.

Biskotten-Apfel-Rolle

Rezept von Ing. Ernst M., Wien

Rezept Nr. 1702

ca. 30 Min.

Zutaten für 8 Stück

Strudelteig:

2 Strudelteigblätter

Zum Bestreichen:

etwas heiße Butter

Biskotten-Apfelfüllung:

700 g geschälte, entkernte Äpfel
3 KL Zimt
4 EL Zucker
Saft von 1 Zitrone
24 Stk. Biskotten

Zum Bestreuen:

etwas Staubzucker

Zubereitung

Den Strudelteig nach Packungsanleitung vorbereiten. Ein Strudelteigblatt auf ein leicht bemehltes Küchentuch geben, mit heißer Butter bestreichen, mit dem zweiten Strudelblatt abdecken und mit Butter bestreichen.

Für die Füllung die Äpfel klein schneiden und mit Zimt, Zucker und Zitronensaft vermischen.

Die Biskotten gleichmäßig auf den Strudelteig legen; dabei einen Rand von ca. 5 cm frei lassen. Die Füllung darauf verteilen. Mit Hilfe des Küchentuches zu einem Strudel einrollen und mit dem Schluss nach unten auf ein leicht befettetes Backblech geben. Den Strudel mit Butter leicht bestreichen.

Das Blech in die Mitte des vorgeheizten Rohres schieben.

Ober-/Unterhitze: 190 Grad
Heißluft: 170 Grad
Backzeit: ca. 35 Min.

Den erkalteten Strudel mit Staubzucker bestreuen.

Kartoffel-Kuchen

Rezept von Hedwig S., Linz

Rezept Nr. 1703 ca. 30 Min.

Zutaten für 14 Stück

Kartoffel-Biskuitmasse:

400 g mehlige Kartoffeln
4 Dotter (Größe M)
100 g Zucker
1 Pck. Dr. Oetker Finesse Geriebene Zitronenschale
1 KL Zimt
150 g glattes Mehl
1 Pck. Dr. Oetker Backpulver
100 g geröstete, geriebene Haselnüsse
4 Eiklar (Größe M)
150 g Zucker

Marmelade-Füllung:

300 g Zwetschken-Marmelade

Zum Verzieren:

etwas Staubzucker

Zubereitung

Für die Masse die Kartoffeln weich kochen, schälen und erkaltet fein reiben. Dotter mit Zucker, Zitronenschale und Zimt mit dem Handmixer (Rührstäbe) schaumig aufschlagen. Mehl mit Backpulver vermischen, darübersieben und mit Nüssen und Kartoffeln mit dem Kochlöffel einrühren. Eiklar mit Zucker steif schlagen und unter die Kartoffelmasse heben.

Die Masse in eine am Boden mit Backpapier ausgelegte Springform (26 cm Ø) füllen und glatt streichen.

Die Form auf dem Rost in die untere Hälfte des vorgeheizten Rohres schieben.

Ober-/Unterhitze: 190 Grad
Heißluft: 170 Grad
Backzeit: ca. 40 Min.

Den erkalteten Kuchen 1-mal durchschneiden, mit Marmelade füllen und mit Staubzucker bestreuen.

Kaminfeuer

Palatschinken-Torte

Rezept von Frieda Th., Gmünd

Rezept Nr. 1704 ca. 40 Min.

Zutaten für 14 Stück

Palatschinkenteig:

3/8 l Milch
1 Prise Salz
1 EL Zucker
3 Eier (Große M)
2 Dotter (Größe M)
300 g glattes Mehl
1 Pck. Dr. Oetker Backpulver
1/8 l flüssiges Schlagobers
3 EL Speiseöl

Zum Ausbacken:

etwas Speiseöl
etwas Butter

Biskotten-Nuss-Füllung:

3/8 l Milch
120 g Zucker
400 g geriebene Nüsse nach Wahl
100 g zerbröselte Biskotten
2 EL Rum

Zum Bestreuen:

etwas Staubzucker

Zubereitung

Für den Teig Milch mit Salz, Zucker, Eiern und Dotter in eine Rührschüssel geben und versprudeln. Mehl mit Backpulver vermischen, darübersieben und mit einem Schneebesen zu dicklicher Konsistenz glatt rühren. Schlagobers und Öl kurz unterrühren.

Etwas Öl in einer Pfanne (24 cm Ø) erhitzen und ein haselnussgroßes Stück Butter dazugeben. Ca. 1/6 des Teiges in die Pfanne gießen und die Palatschinke beidseitig goldbraun ausbacken.

Den Vorgang wiederholen, bis der Teig aufgebraucht ist.

Für die Füllung die Zutaten der Reihe nach in eine Rührschüssel geben und verrühren. Eine Palatschinke in eine befettete Springform (24 cm Ø) geben und etwas Füllung darauf verteilen.

Den Vorgang wiederholen, bis Palatschinken und Füllung aufgebraucht sind. Mit einer Palatschinke abschließen.

Die Form auf dem Rost in die untere Hälfte des vorgeheizten Rohres schieben.

Ober-/Unterhitze: 160 Grad
Heißluft: 140 Grad
Backzeit: ca. 25 Min.

Die Torte nach dem Backen auf eine Tortenplatte stürzen, leicht mit Staubzucker bestreuen und noch warm servieren.

Zimt-Schnitten

Rezept von Waltraud Z., Micheldorf

Rezept Nr. 1705 ca. 30 Min.

Zutaten für 24 Stück

Spezial-Biskuitmasse:

6 Eier (Größe M)
120 g Zucker
1 Pck. Dr. Oetker Vanillin Zucker
200 ml Mineralwasser
200 ml Speiseöl
300 g glattes Mehl
1/2 Pck. Dr. Oetker Backpulver
150 g geriebene Nüsse nach Wahl

Zum Beträufeln:

etwas Rum

Zum Bestreichen:

250 g Powidl
5 EL Rum

Sauerrahm-Obers-Belag:

1/2 l Sauerrahm
3 EL Staubzucker
1/2 l flüssiges Schlagobers
2 Pck. Dr. Oetker Vanillin Zucker
2 Pck. Dr. Oetker Sahnesteif

Zum Bestreuen:

etwas Zimt

Zubereitung

Für die Masse Eier mit Zucker und Vanillin Zucker mit dem Handmixer (Rührstäbe) schaumig aufschlagen. Mineralwasser und Öl mit dem Kochlöffel unterrühren. Mehl mit Backpulver vermischen, darübersieben und mit Nüssen unterheben.

Die Masse auf ein befettetes, bemehltes Randblech (28 x 32 cm) streichen.

Das Blech in die untere Hälfte des vorgeheizten Rohres schieben.

Ober-/Unterhitze: 180 Grad
Heißluft: 160 Grad
Backzeit: ca. 30 Min.

Das Biskuit gleichmäßig mit Rum beträufeln. Powidl mit Rum verrühren und aufstreichen.

Für den Belag Sauerrahm mit Staubzucker verrühren. Schlagobers mit Vanillin Zucker und Sahnesteif aufschlagen. Den Sauerrahm unterheben und in einen Spritzbeutel mit mittlerer glatter Tülle füllen. Beliebig auf den Kuchen spritzen und mit Zimt leicht bestreuen. Den Kuchen ca. 3 Std. kalt stellen.

Kürbiskernöl-Kuchen

Rezept von Maria F., Markt Hartmannsdorf

Rezept Nr. 1706 ca. 30 Min.

Zutaten für 12 Stück

Kürbiskern-Sandmasse:

5 Dotter (Größe M)
150 g gesiebter Staubzucker
1/8 l Wasser
1/4 l Kürbiskernöl
300 g glattes Mehl
1/2 Pck. Dr. Oetker Backpulver
5 Eiklar (Größe M)
100 g Zucker

Zum Bestreichen:

150 g heiße Preiselbeer-Konfitüre

Glasur:

200 g flüssige Dr. Oetker Kuchen Glasur Kakao (1 Becher)

Zubereitung

Für die Masse Dotter mit Staubzucker mit dem Handmixer (Rührstäbe) cremig rühren. Wasser und Öl mit dem Kochlöffel unterrühren. Mehl mit Backpulver vermischen, darübersieben und einrühren. Eiklar mit Zucker steif schlagen und unterheben.

Die Masse in eine befettete, bemehlte Kastenform (10 x 35 cm) füllen.

Die Form auf dem Rost in die untere Hälfte des vorgeheizten Rohres schieben.

Ober-/Unterhitze: 180 Grad
Heißluft: 160 Grad
Backzeit: ca. 50 Min.

Den Kuchen auf ein Kuchengitter stürzen. Aus dem erkalten Kuchen der Länge nach ein Dreieck ausschneiden. Die Marmelade einstreichen und das Dreieck wieder einsetzen. Den Kuchen mit Glasur glasieren. Etwas Glasur in ein Spritztütchen geben und auf die erstarrte Glasur ein beliebiges Muster aufspritzen.

Kürbiskern-Roulade

Rezept von Irmgard Sch., Schäffern

Rezept Nr. 1707 ca. 30 Min.

Zutaten für 10 Stück

Kürbiskern-Biskuitmasse:

5 Dotter (Größe M)
60 g Zucker
1 Pck. Dr. Oetker Bourbon Vanille Zucker
5 Eiklar (Größe M)
60 g Zucker
150 g fein geriebene Kürbiskerne
40 g Semmelbrösel

Zum Bestreichen:

300 g Marmelade nach Wahl

Zum Bestreuen:

etwas Staubzucker

Zubereitung

Für die Masse Dotter mit Zucker und Vanille Zucker mit dem Handmixer (Rührstäbe) schaumig aufschlagen. Eiklar mit Zucker steif schlagen und mit dem Kochlöffel einrühren. Kürbiskerne und Brösel vermischen und unterheben.

Die Masse auf ein mit Backpapier ausgelegtes Backblech streichen (30 x 35 cm).

Das Blech in die Mitte des vorgeheizten Rohres schieben.

Ober-/Unterhitze: 200 Grad
Heißluft: 180 Grad
Backzeit: ca. 12 Min.

Das noch warme Biskuit mit Marmelade bestreichen, zur Roulade einrollen und erkaltet mit Staubzucker leicht bestreuen.

Süße Kerzen

Rezept von Gertraud Th., Lienz

Rezept Nr. 1708 ca. 45 Min.

Zutaten für 16 Stück

Mandel-Biskuitmasse:

6 Eier (Größe M)
100 g Zucker
80 g glattes Mehl
50 g geriebene Mandeln
30 g Kokosette

Marmelade-Füllung:

300 g Marillen-Marmelade
150 g abgetropfte, klein geschnittene Kompottmarillen
1/2 Röhrchen Dr. Oetker Aroma Rum
50 g geriebene Mandeln

Glasur:

200 g flüssige Dr. Oetker Kuchen Glasur Kakao (1 Becher)

Zum Verzieren:

16 geschälte, ganze Mandeln

Zubereitung

Für die Masse Eier mit Zucker mit dem Handmixer (Rührstäbe) schaumig aufschlagen. Das Mehl darübersieben. Mandeln mit Kokosette vermischen und mit dem Kochlöffel unterheben.

Die Masse auf ein mit Backpapier ausgelegtes Backblech (30 x 35 cm) streichen.

Das Blech in die Mitte des vorgeheizten Rohres schieben.

Ober-/Unterhitze: 200 Grad
Heißluft: 180 Grad
Backzeit: ca. 12 Min.

Für die Füllung die Zutaten unter Rühren aufkochen. Vom Herd nehmen und sofort auf das Biskuit streichen. Das Biskuit von unten und oben zur Mitte hin einrollen und zwischen den Rollen durchschneiden. Jede Roulade straff in Backpapier einrollen und kalt stellen.

Die erkalteten Rouladen jeweils in 8 gleiche Stücke schneiden.

Die Rouladenstücke ca. 1 cm tief in die Glasur tunken und auf ein Backpapier setzen. Nach dem Erstarren der Glasur das andere Ende 1 cm tief in die Glasur tunken. Die Kerzen mit einer Mandel als Flamme verzieren.

Zimtstern-Torte

Rezept von Elisabeth H., Leoben

Rezept Nr. 1709 ca. 45 Min.

Zutaten für 16 Stück

Biskuitmasse:

7 Dotter (Größe M)
100 g Zucker
1 Pck. Dr. Oetker Finesse Geriebene Zitronenschale
7 Eiklar (Größe M)
2 KL Zimt
100 g Zucker
180 g glattes Mehl

Schoko-Weinbrand-Creme:

1/4 l flüssiges Schlagobers
200 g klein geschnittene Zartbitter-kuvertüre
2 EL Weinbrand
1/4 l flüssiges Schlagobers
2 Pck. Dr. Oetker Sahnesteif

Zum Beträufeln:

etwas Weinbrand

Zum Bestreichen:

250 g Marillen-Marmelade

Glasur und zum Verzieren:

400 g flüssige Dr. Oetker Kuchen Glasur Kakao (2 Becher)

Zum Bestreuen:

etwas Zimt
etwas Zucker

Zubereitung

Für die Masse Dotter mit Zucker und Zitronenschale mit dem Handmixer (Rührstäbe) schaumig aufschlagen. Eiklar mit Zimt und Zucker steif schlagen und mit dem Kochlöffel unterrühren. Das Mehl darübersieben und unterheben.

Die Masse in eine am Boden mit Backpapier ausgelegte Springform (26 cm Ø) füllen.

Die Form auf dem Rost in die untere Hälfte des vorgeheizten Rohres schieben.

Ober-/Unterhitze: 180 Grad
Heißluft: 160 Grad
Backzeit: ca. 40 Min.

Für die Creme Schlagobers aufkochen. Vom Herd nehmen und die Kuvertüre einrühren, bis sie vollständig aufgelöst ist.
Die Creme kalt stellen.

Die erkaltete Torte 3-mal durchschneiden und den Boden mit Weinbrand beträufeln.

Das erkaltete Schoko-Obers mit Weinbrand, Schlagobers und Sahnesteif aufschlagen. Die Torte mit der Creme füllen und kalt stellen.

Die Marmelade glatt rühren und die Torte damit einstreichen.

Die Torte mit Glasur glasieren. Etwas Glasur dünn auf Frischhaltefolie streichen und nach dem Erstarren mit einem angewärmten Ausstecher Sterne ausstechen. Die Sterne mit etwas Glasur auf die Torte kleben und mit Zimt-Zucker leicht bestreuen.

Birnenbrot

Rezept von Monika Z., Mattersburg

Rezept Nr. 1710

ca. 45 Min.

Zutaten für 20 Stück

Früchtebrotteig:

380 g geschälte, entkernte Birnen
125 g Rohrzucker
1 KL Zimt
2 Messerspitzen Nelkenpulver
3 EL Rum
1/2 Röhrchen Dr. Oetker Aroma Rum
50 g klein geschnittene, getrocknete Feigen
50 g klein geschnittene Dörrzwetschken
80 g Rosinen
80 g grob gehackte Nüsse nach Wahl
1 Ei (Größe M)
1 Prise Salz
220 g Weizenvollkornmehl
250 g glattes Mehl
1 Pck. Dr. Oetker Backpulver

Zubereitung

Für den Teig die Birnen klein schneiden. Rohrzucker, Gewürze, Rum, Aroma, getrocknete Früchte und Nüsse dazugeben und gut vermischen. Die Früchtemischung über Nacht zugedeckt ziehen lassen.

Ei mit Salz und Vollkornmehl zur Früchtemischung geben. Mehl mit Backpulver vermischen, darübersieben und mit dem Handmixer (Knethaken) zu einem Teig verkneten.

Den Teig in 3 Stücke teilen, zu Laiben formen und auf ein mit Backpapier ausgelegtes Backblech geben.

Das Blech in die untere Hälfte des vorgeheizten Rohres schieben.

Ober-/Unterhitze: 180 Grad
Heißluft: 160 Grad
Backzeit: ca. 45 Min.

Winter-Teeschnitten

Rezept von Margareta K., Großraming

Rezept Nr. 1711 ca. 30 Min.

Zutaten für 42 Stück

Kakao-Sandmasse:

220 g weiche Butter
200 g gesiebter Staubzucker
6 Dotter (Größe M)
1 Pck. Dr. Oetker Vanillin Zucker
250 g glattes Mehl
1/2 Pck. Dr. Oetker Backpulver
2 EL Kakaopulver (süß)
6 Eiklar (Größe M)

Zum Beträufeln:

100 ml Tee nach Wahl
50 ml Rum

Zum Bestreichen:

etwas heiße Marmelade nach Wahl

Glasur:

1/4 l flüssiges Schlagobers
250 g klein geschnittene Zartbitterkuvertüre
1/2 Röhrchen Dr. Oetker Aroma Rum

Zubereitung

Für die Masse Butter mit Staubzucker, Dotter und Vanillin Zucker mit dem Handmixer (Rührstäbe) cremig rühren. Mehl mit Backpulver und Kakao vermischen, darübersieben und mit dem Kochlöffel einrühren. Eiklar steif schlagen und unterheben.

Die Masse auf ein befettetes, bemehltes Backblech (30 x 35 cm) streichen.

Das Blech in die untere Hälfte des vorgeheizten Rohres schieben.

Ober-/Unterhitze: 180 Grad
Heißluft: 160 Grad
Backzeit: ca. 25 Min.

Tee mit Rum verrühren und den noch heißen Kuchen damit beträufeln. Die Marmelade aufstreichen.

Für die Glasur Schlagobers aufkochen. Vom Herd nehmen, Kuvertüre und Aroma einrühren und unter mehrmaligem Umrühren zu dicklicher Konsistenz abkühlen lassen.
Den Kuchen damit bestreichen und kalt stellen.

Andalusische Weihnachtstorte

Rezept von Getraud K., Trofaiach

Rezept Nr. 1712 ca. 40 Min.

Zutaten für 16 Stück

Spezial-Sandmasse:

8 Dotter (Größe M)
2 Pck. Dr. Oetker Bourbon Vanille Zucker
300 g klein geschnittene Marzipanrohmasse
100 g zerlassene Butter
8 Eiklar (Größe M)
1 Prise Salz
100 g Zucker
150 g glattes Mehl
1/2 Pck. Dr. Oetker Backpulver
150 g klein geschnittene Zartbitterkuvertüre

Glasur:

etwas erweichte weiße Schokolade
200 g flüssige Dr. Oetker Kuchen Glasur Kakao (1 Becher)

Zum Verzieren:

100 g Modelliermarzipan

Zubereitung

Für die Masse Dotter mit Vanille Zucker und Marzipan mit dem Handmixer (Rührstäbe) cremig rühren. Die Butter mit dem Kochlöffel kurz einrühren. Eiklar mit Salz und Zucker steif schlagen und unter die Dottermasse rühren. Mehl mit Backpulver vermischen, darübersieben und unterheben.

1/3 der Masse in eine am Boden mit Backpapier ausgelegte Springform (24 cm Ø) füllen. Die Hälfte der Kuvertüre darauf streuen. Die Hälfte der übrigen Masse aufstreichen und mit der restlichen Kuvertüre bestreuen. Die restliche Masse darauf verteilen und glatt streichen.

Die Form auf dem Rost in die untere Hälfte des vorgeheizten Rohres schieben.

Ober-/Unterhitze: 180 Grad
Heißluft: 160 Grad
Backzeit: ca. 45 Min.

Die weiße Schokolade in ein Spritztütchen geben. Die erkaltete Torte mit Glasur glasieren. Die weiße Schokolade sofort aufspritzen und mit einem spitzen Messer Linien durchziehen. Die Torte kalt stellen.

Marzipan auf einer mit Staubzucker bestreuten Arbeitsfläche ca. 3 mm dick ausrollen. Verschiedene Sterne ausstechen und die Torte damit verzieren.

Philadelphia®-Torte

Rezept von Hildegard D., Kuchl

Rezept Nr. 1713 ca. 40 Min.

Zutaten für 14 Stück

Müsli-Biskotten-Boden:

125 g zerkleinerte Biskotten

80 g Dr. Oetker Vitalis Knuspermüsli Honeys

100 g zerlassene Butter

Philadelphia®-Mandarinen-Creme:

200 g Doppelrahm-Frischkäse (z. B. Philadelphia®)

4 EL gesiebter Staubzucker

400 ml flüssiges Schlagobers

3 EL Staubzucker

2 Pck. Dr. Oetker Sahnesteif

1 Dose Kompottmandarinen (175 g)

Zum Belegen:

1 Dose Kompottmandarinen (175 g)

Guss:

1 Pck. Dr. Oetker Tortengelee klar

1/4 l Kompottsaft

Zubereitung

Für den Tortenboden Biskotten und Müsli in eine Rührschüssel geben und mit Butter verrühren. Einen Springformrand (26 cm Ø) auf eine Tortenplatte geben, das Müsli-Biskotten-Gemisch darin verteilen und leicht andrücken.

Für die Creme Frischkäse mit Staubzucker glatt rühren. Schlagobers mit Staubzucker und Sahnesteif aufschlagen. 1/3 davon mit Frischkäse verrühren. Übriges Schlagobers mit gut abgetropften Mandarinen unterheben. Die Creme auf den Müsli-Biskotten-Boden streichen. Die Torte ca. 4 Std. kalt stellen.

Die Torte mit gut abgetropften Mandarinen belegen. Den Kompottsaft wenn nötig mit Wasser auf 1/4 l ergänzen und mit Tortengeleepulver unter Rühren aufkochen. Vom Herd nehmen und zuerst mit einem Esslöffel auf Mandarinen und Tortenoberfläche verteilen, dann das übrige Gelee darüber gießen.

X-Max-Kuchen

Rezept von Marianne B., Altenberg

Rezept Nr. 1714 ca. 35 Min.

Zutaten für 14 Stück

Spezial-Sandmasse:

400 g Zwetschken-Marmelade
150 g gesiebter Staubzucker
100 g Rosinen
1 KL Zimt
150 g geriebene Nüsse nach Wahl
100 g geriebene Zartbitterkuvertüre
1/2 l Milch
500 g glattes Mehl
1 Pck. Dr. Oetker Natron

Zum Bestreuen:

etwas Staubzucker

Zum Verzieren:

etwas grüner Modelliermarzipan
etwas roter Modelliermarzipan

Zubereitung

Für die Masse Marmelade mit Staubzucker, Rosinen und Zimt verrühren. Nüsse mit Kuvertüre vermischen und abwechselnd mit der Milch einrühren. Mehl und Natron vermischen, darübersieben und mit dem Kochlöffel unterheben.

Die Masse in eine befettete, bemehlte Sternform füllen und glatt streichen.

Die Form auf dem Rost in die untere Hälfte des vorgeheizten Rohres schieben.

Ober-/Unterhitze: 170 Grad
Heißluft: 150 Grad
Backzeit: ca. 65 Min.

Den erkalteten Kuchen mit Staubzucker bestreuen.

Aus grünem Marzipan Blätter formen, aus dem roten Kugeln rollen und den Kuchen damit verzieren.

Rezeptübersicht